Todos los libros de Linkgua Ediciones cuentan con modelos de Inteligencia Artificial entrenados por hispanistas. Pregúntale al chat de tu libro lo que desees acerca de la obra o su autor/a.

Para ebooks: Accede a nuestro modelo de IA a través de este enlace.

Para libros impresos: Escanea el código QR de la portada con tu dispositivo móvil.

Obtén análisis detallados de nuestros libros, resúmenes, respuestas a tus preguntas y accede a nuestras ediciones críticas generativas para una experiencia de lectura más enriquecedora.
La transparencia y el respeto hacia la autoría de las fuentes utilizadas son distintivos básicos de nuestro proyecto. Por ello, las respuestas ofrecen, mediante un sistema de citas, las fuentes con las que han sido elaboradas.

Enrique Gómez Carrillo

La vida parisiense

Barcelona 2024
Linkgua-ediciones.com

Créditos

Título original: La vida parisiense.

© 2024, Red ediciones S.L.

e-mail: info@linkgua.com

Diseño de cubierta: Michel Mallard.

ISBN rústica ilustrada: 978-84-9007-635-4.
ISBN tapa dura: 978-84-1126-290-3.
ISBN ebook: 978-84-9007-237-0.

Sumario

Brevísima presentación

La vida

Enrique Gómez Tible, llamado Enrique Gómez Carrillo (Ciudad de Guatemala, 27 de febrero de 1873-París, 29 de noviembre de 1927). Guatemala.

En 1890 trabajó en el diario *El Correo de la Tarde*, dirigido por Rubén Darío, quien vivía en Guatemala. Y en 1891 recibió una beca para estudiar en España, recomendado también por Darío.

Al año siguiente publicó su primer libro en Madrid, *Esquisses*, una antología de semblanzas de escritores de la época, y escribió en *Madrid cómico*, *La vida literaria*, *Blanco y negro*, *La ilustración española y americana* y *Revista crítica*.

En 1898 fue nombrado cónsul de Guatemala en París; años después, el presidente argentino Hipólito Yrigoyen lo nombró a su vez representante de Argentina en dicha ciudad.

Desde 1895 fue miembro de la Real Academia Española. En 1917 conoció a la artista española Raquel Meller, con quien se casó en 1919 y se separó en 1922.

Enrique Gómez Carrillo murió en París, el 27 de noviembre de 1927, y fue enterrado en el Cementerio de Père Lachaise. Su esposa Consuelo, condesa de Saint-Exupéry tras su matrimonio con el célebre escritor francés Antoine de Saint-Exupéry, fue enterrada en 1979 junto a Enrique Gómez Carrillo.

La obra

La vida parisiense es la construcción literaria de una ciudad. Trazos que dibujan el perfil de un París vital que alimenta la creación literaria del autor. La voz de Enrique Gómez Carrillo es la voz de los modernistas latinoamericanos que convierten la ciudad francesa en su paradigma. La forma de leer la ciudad, a través de la moda, la literatura, el teatro y la vida bohemia, es una crónica de viaje al modernismo donde París es el centro y el punto de partida.

De la bohemia

Hace seis u ocho años, un poeta muy notable, aunque casi desconocido en España, Rubén Darío, estuvo a punto de asesinar a un periodista amigo suyo que tuvo la ocurrencia de llamarle bohemio.

—¿Bohemio? —gritaba el autor de *Azul*— ¿...bohemio yo?...

—¡Pues no faltaba más!

Los bohemios ya no existen sino en las cárceles o en los hospitales. En nuestra época los literatos deben llevar guantes blancos y botas de charol. El arte es una aristocracia...

En esa época, en efecto, las teorías de vida burguesa y de trabajo metódico predicadas por Emilio Zola y vulgarizadas por los cronistas del bulevar, habían hecho nacer, en las almas de los jóvenes literatos de todo el mundo, un odio sagrado contra los artistas que viviendo al día, endulzaban las miserias de su vida con las truculencias inconscientes de sus costumbres. Los mismos bohemios empedernidos, trataban entonces de no pasar por tales y Alejandro Sawa incomodábase seriamente porque Luis Bonafoux hablaba de su pipa y de su melena al elogiar sus novelas.

Hoy el odio contra la vida de bohemia ha desaparecido casi por completo gracias a los recientes estudios sobre Murger y sus héroes, en los cuales se ve que la juventud abigarrada y bulliciosa del antiguo Barrio Latino, fue completamente inofensiva y no del todo estéril.

«Antes de asegurar que una cosa es excelente u horrible, conviene, a veces, conocerla.»

Esta frase irónica de Anatole France viene ahora de perlas, pues, en realidad, todos hablamos de la bohemia y no todos sabemos a punto fijo lo que la bohemia es.

Lo mismo que la palabra esnobismo, la palabra «bohemia» es un término vago que cada uno emplea a su antojo. Rubén Darío ve en él un insulto, mientras Joaquín Dicenta lo considera como un elogio. Y lo curioso es que los más célebres libros que tratan del asunto, lejos de sacarnos de dudas, nos hacen perdernos en un laberinto de definiciones tan distintas como variadas, obligándonos a vacilar indefinidamente. ¡Qué diferencia tan grande, en efecto, entre los bohemios de Balzac y los de Murger, entre los de Nerval y los de Carlos Hugo, entre los de Fremy y los de Delveau...! Todos, sin embargo, son bohemios, todos —hasta los que en *La confesión de un bohemio* de Montepío, asesinan y no hacen versos.

¿Os acordáis del príncipe de la bohemia de Balzac? Sus aventuras se parecen más a las del triste Adolfo de Benjamín Constant que a las del poeta Rodolfo. A pesar de todo, es un bohemio porque tiene poco dinero y porque lleva una vida desarreglada, su aventura amorosa es un poema cruel. Claudina, la mujer de un autor dramático rico y austero, está locamente enamorada de él y, por no perderle, se somete a todos sus caprichos de hombre sin alma y sin escrúpulos. Un día la pobre enamorada se encuentra enferma de muerte.

Para salvarla es necesario hacerle una operación en la cabeza y cortarle la cabellera. Su amante le dice: «lo que yo más quiero en ti es la cabellera; si te la cortan, quizás mi amor desaparezca.» Y ella, entre el peligro de perder la vida y de perder a su amante, prefiere exponerse al primero y no se deja operar. ¿Os acordáis?...

En todo caso, si habéis olvidado a ese príncipe de Balzac, estoy seguro de que aún os acordáis de los nombres de los «bohemios galantes» de Gerardo de Nerval que fueron,

como quien no dice nada, Teófilo Gautier, Arsenio Houssaye, Corot y otros artistas no menos ilustres.

En las breves páginas de su estudio, el célebre traductor
del *Fausto* nos relata la crónica de las veladas durante las
cuales esos bohemios consolaban las miserias de sus juven-
tudes combinando planes fantásticos para el porvenir y dis-
putándose los besos de las chicas que iban a visitarles.

Los bohemios de Murger son todos jóvenes y todos artistas. Marcelo es pintor, Rodolfo poeta, Schaunar músico y
Colline filósofo. Los cuatro son pobres de solemnidad. Uno
de ellos encuentra un día un empleo: ¡veinte horas de trabajo cotidiano por cincuenta céntimos al mes! ¡Perfectamente!

Mas ante todo es necesario levantarse a las seis de la mañana y como no tiene despertador, se roba un gallo de la
vecindad. Al cabo de una semana sus amigos le encuentran
llorando a lágrima viva.

«Me he comido mi despertador» —solloza.

Otro hereda de su tía una suma de catorce francos, y no
habiendo tenido nunca tanto dinero junto, se figura que su
fortuna es inagotable. Lo primero que hace es invitar a diez
o doce amigos suyos a comer en la Maison Doré. Pero antes
van a tomar algunas copas (4 francos) y a comprar cigarros
puros para todo el mundo (4 francos); y van en coche (5
francos); al acabar de comer, cuando el mozo presenta la
cuenta de ciento y tantos francos, el anfitrión recuerda que
solo le queda una peseta.

Todas las aventuras de los personajes de Murger son por
el estilo, con excepción de dos o tres idilios pintorescos
como las mejores novelas de Paul de Kock y sentimentales
cual las más populares canciones de Beranger, lo que no es
muy artístico.

No obstante, el libro deja una impresión encantadora gracias a su sencillez, a su sinceridad, a su tristeza —a su tristeza, sobre todo, esa tristeza bonachona y resignada, que llora y sonríe al tiempo mismo.

Un libro también muy triste, pero de otro modo, con gran amargura e intensa crueldad, es el *Chatterton* de Alfred de Vigny.

El bohemio del poeta de Eloa es, ante todo, un orgulloso. Su primera obra es una imitación de la literatura antigua que, según él cree, dejará espantado al más gran crítico de su época. La opinión de ese crítico aumenta su amargura. El bohemio vende entonces su pluma a varios personajes y escribe al mismo tiempo, en favor de muchos partidos opuestos, que naturalmente, acaban por suprimirle toda subvención. Al encontrarse en la miseria no logrando hacerse adorar de Ketty, por quien él no profesa sino un amor relativo, se suicida, maldiciendo de la humanidad que ha desconocido su genio.

Lo mismo que el héroe de Vigny el personaje principal de *Las confesiones de un bohemio* de Fremy, padece de esa terrible enfermedad que se llama vanidad.

Es un sabio. Para ganar su vida en Francia tiene necesidad de dar lecciones de latín y de gramática a cualquier hijo de burgués acomodado. Huyendo de esa situación odiosa, refúgiase en Alemania que, según él cree, es la Jerusalén de los eruditos. No obstante, en Múnich, en Berlín, en Heidelberg, en todas las ciudades universitarias del imperio germánico, vése obligado a continuar su vida de lecciones. Al fin se resigna o, al menos, parece resignarse, convencido de que la humanidad es siempre, y en todas partes, injusta para con los sabios. De repente, sin creer en el amor, enamórase apasionadamente de una amazona de circo; ella también se enamora de él; pero él es austero y serio, mientras ella es ligera y coqueta. Los celos le envejecen en pocos años y le enferman rápidamente. Va a morir... Pero no quiere morir lejos de su patria y vuelve a París, claudicante y miserable.

La bohemia dorada de Carlos Hugo, es la historia romántica de un hombre rico y de una dama poco menos que millonaria. Sin embargo ambos son bohemios. La dama necesita hacer creer que tiene un hijo, para que la herencia de su marido no caiga en manos de parientes lejanos. ¿Cómo hacer? El medio más fácil es el aconsejado por los autores de novelas por entregas y ése es el que la gran dama adopta al robarse la hija de una pobre mujer agonizante. La cuestión de la herencia se arregla; pero la madre de la chica no muere, sino que consagra su existencia a buscar a su hija. Al fin la encuentra en las puertas del vicio, y la salva.

Los bohemios de Fremy son los mismos bohemios de Murger, pero ya no se llaman Rodolfo, Marcelo y Schaunar, sino Privat d'Aglemon, Schaune y Champfleuri. Ya no son jóvenes. Al llegar a la celebridad o a la fortuna, han perdido la alegría. Y ellas también. Las chicas sonrientes y sentimentales que llenaban de flores las buhardillas de sus amantes, las Mussetes, las Mimís, las Fhemies, ellas también han perdido la frescura y el buen humor. Una se ha casado con el farmacéutico de la esquina; la otra se ha marchado a América; la otra tiene un carruaje y un amigo viejo.

En el libro de Delvau no hay ya pobrezas, ni días de hambre. Y sin embargo es más triste que el de Murger porque carece de juventud, y de sonrisas, y de amor.

Los bohemios de Tomel no tienen nombre. Unos son músicos, otros poetas, otros pintores, otros sabios. Todos viven, miserablemente, sin alegría y sin esperanza, sin entusiasmos y sin locuras, esperando la ocasión de lograr un empleo en una oficina cualquiera para convertirse en burgueses y para comer todos los días. El que quiera encontrarle veinte años después, que no le busque en la república del arte, sino en el mundo de los funcionarios o en la lista de los suicidas.

Nada tan espantoso como esta bohemia.

Otros libros hay, en los cuales se habla de la bohemia y de los bohemios; pero me parece que los anteriormente citados bastan para darnos una idea de la complicación y de la variedad de la especie.

Ahora bien, ya que hemos visto rápidamente a los más notables bohemios de la literatura moderna, ¿podremos decir lo que es la bohemia?

Yo creo que no.

La bohemia es todo y no es nada. Y cuando Rubén Darío se enfada porque un amigo le llama bohemio, tiene razón. Y cuando Joaquín Dicenta se siente orgulloso al oírse calificar de bohemio, también tiene razón.

10 de febrero de 1898

La bohemia actual

Un lector que se acuerda aún de mi artículo sobre el «café literario» del bulevar, me pregunta si las reuniones de poetas existen todavía en el Barrio Latino. Y luego agrega: «Se habla tanto de la desaparición de la bohemia, que en realidad los jóvenes ya no creemos en ella.»

No importa. La bohemia existe aún, como en los tiempos de Murger. Lo que no existe ya son los trajes aquellos de las estampas de hace treinta años. Ya no hay anchos sombreros de fieltro, ni amplias corbatas flotantes, ni levitas ajustadas, ni pantalones de terciopelo, ni chalecos abiertos hasta la cintura. Ya no hay tampoco melenas, ni la pipa es ya de rigor. Pero fuera de estos detalles de indumentaria, los bohemios existen hoy, como existieron ayer, como existirán mañana. Porque la bohemia no es ni una fórmula de vida, ni una disciplina literaria, ni un alarde momentáneo de desorden. La bohemia es sencillamente la juventud pobre que se consagra a las artes y que lleva su miseria con orgullo. El nombre, pues, podrá cambiar. La cosa no.

En todo caso, en nuestros días el nombre existe todavía y los muchachos que tienen más ilusiones que dinero permanecen siempre fieles al método que sirvió de pauta a los actores de la tragicomedia romántica.

Alguien dirá:

¿Cómo puede ser eso, puesto que el bulevar San Miguel mismo ha cambiado por completo y en sus cafés no se ven sino chicos bien vestidos y chicas elegantes?

Pues esos chicos y esas chicas son los bohemios de hoy. En la miseria misma, existen, según las épocas, grados y matices. El enriquecimiento general, ha dado a los que ayer no tenían sino un panecillo, un panecillo y medio. Los Rodolfos actuales cobran un poquito más que los de hace un cuarto de siglo. También tienen mayores necesidades y pagan más caro el ajenjo y gastan más en tabaco.

Lo único que permanece invariable es el alma.

Yo quisiera que los que niegan la bohemia actual, y la niegan con tristeza, leyeran de nuevo los libros de antaño en los cuales Gautier, Nerval, Banville y Murger, hablaron de la bohemia romántica. En todos ellos los ideales de los héroes y de las heroínas son los mismos; a saber: gloria, amor, dinero.

Y quisiera también que, después de leer esos libros pasados de moda, vinieran conmigo a interrogar a los jóvenes pobres que en el Barrio Latino hacen versos o cuadros, música o filosofía. En una sola noche se convencerían de que en este siglo que nace, cual en todos los siglos que fueron, para las almas de veinte años, las ilusiones son siempre las mismas.

Justamente en esta semana los periódicos han hablado de Pierre de Guerin, poeta adolescente que murió poco menos que de hambre en una buhardilla de la rue Monsieur le Prince. «Era —dicen— un escritor de gran talento.» Y es cierto que lo era. En poemas muy ligeros que hacían pensar en las *Fiestas galantes* de Verlaine, expresó sus inquietudes voluptuosas y sus tempranas melancolías. Cantó a Manón infiel, tratando de ocultar sus lágrimas, entre sonrisas. Cantó a Femi apasionada, sin querer confesar todo su ingenuo ardor de amante satisfecho. Cantó los grandes sentimientos en pequeños versos, en fin fue un artista serio que supo reír. Yo lo conocí una tarde en el café en que Moréas, siempre olímpico, ocupa el sitio que dejó vacío Verlaine al morir. Tenía los ojos azules y el pelo rubio.

En su extremada juventud había una gravedad extraordinaria. Su frente era pura y tersa. Cuando sus padres, que le habían mandado a París para que estudiase medicina, supieron que en vez de oír las lecciones del doctor Debove escuchaba los poemas de Henri de Regnier, lo amenazaron con «cortarle los alimentos.» ¡Qué le importaban a él los alimentos! A la carta paternal llena de reproches, contestó con un himno suave en honor de las musas. Luego, cuando las amenazas se trocaron en realidades, no se emocionó un solo instante. En su fe de poeta, creía que los labios no han sido hechos para los biftecs, sino para los besos y para las canciones. Una chiquilla de dieciocho años, rubia como él y como él zarca, compartía su miseria llena de ilusiones.

Me acuerdo de que el mismo Moréas, que no es aficionado a conmoverse, murmuró retorciéndose los bigotes, al verlos alejarse por el bulevar San Miguel:

—¡Pobrecitos!...

Pero yo, que conozco a los chicos de esa raza por haber vivido fraternalmente con ellos en los tiempos ya lejanos de mi bohemia; yo, que vi morir a Leclercq en una apoteosis de ilusiones; yo, que acompañé a Augusto de Armas hasta el borde del sepulcro, sin haber sorprendido jamás en él una desesperanza; yo, que la víspera de su muerte, oí aun a Signoret hablar de sus triunfos y de sus goces; yo, en fin, no compadecía aquella tarde al joven amigo de Moréas, sino que, por el contrario, le vi marcharse con envidia. ¡Con envidia, sí! Porque yo sabía que su buhardilla, en la que no había ni fuego, ni muebles, ni pan, era para él un palacio encantado, y que, al asomarse a los ojos de su musa, veía paraísos infinitos. ¿Pobre él? Al contrario. Su misma suavidad poética obedecía a un deseo discreto de ocultar sus tesoros. En los poemitas tiernamente irónicos en que decía sus *Fiestas galantes*, escondía, por pudor de millonario, sus riquezas sentimentales. Aquí tengo una estrofa suya en la que habla de las pedrerías que ofrece a su amada. ¿Creéis que son diamantes y rubíes? No. Eso se queda para los seres vulgares. El poeta joven no le brindaba sino piedras de Luna, «color de sus ojos», y esto consistía en que, teniendo a su disposición todas las gemas de Oriente, parecíale de mal gusto escoger lo más caro. Pobre no, sino infinitamente rico, infinitamente feliz, infinitamente glorioso, era el poeta que acaba de morir. Y yo estoy seguro de que en el momento mismo de expirar, cuando su musa rubia lloraba a su cabecera, él, suave siempre y magnánimo, consolábala con palabras de entusiasmo y amor.

Si el caso de este poeta que, como un personaje de cuento árabe, muere de hambre entre tesoros, fuera un caso raro, ni siquiera lo evocaría.

Pero la verdad es que, mal que pese a los profetas de amargura, el mundo es siempre el mismo y ni el «mercantilismo», ni el «egoísmo», ni el «positivismo», ni nada de eso que hablamos a cada paso con objeto de infamar a nuestro siglo, ha hecho mella ninguna en las almas de los hombres. En el Barrio Latino, como fuera del Barrio Latino, y en literatura como en lo demás, lo único que ha cambiado es el traje. Sin sombreros a la Daumier y sin vestidos de percal rameado, las costureras siguen echándose al Sena cuando sus amantes las abandonan. (Leed las noticias de los diarios.) Sin espada al cinto y sin calzas de terciopelo, los caballeros siguen acudiendo al juicio de Dios cuando creen que el punto de honor está en juego. (Leed las noticias de los diarios.) Sin trabuco y sin sombrero calabrés, los bandidos siguen ejerciendo, en pleno París, su romántico oficio. (Leed, leed las noticias de los diarios.)

¿Y por qué solo la bohemia había de desaparecer? ¿Por qué solo el alma de los que se sienten irresistiblemente atraídos por una de las musas artistas, había de metamorfosearse? ¿Por qué en el eterno durar de todas las cosas, y en el infinito recomenzar de todas las existencias únicamente la vida del que se consagra a dar formas al ensueño había de transformarse? Mi ilustre amigo Ferrero, que vive con el espíritu en la Roma antigua, tiene la costumbre de sonreír con su sonrisa mefistofélica, cada vez que alguien le habla de novedades políticas. «No hay nada nuevo desde hace dos mil años» —dice con la más suave convicción. Y esto, que demuestra la vanidad de los esfuerzos por inventar algo fuera del orden material, prueba también lo invariable de las almas. Las razones de Bécquer para hacer ver al mundo que la poesía no puede desaparecer, y que son razones mucho más serias que todas las invocadas en el mismo sentido por los filósofos, pueden servir para convencer al mundo que siempre habrá bohemia y bohemios.

«¡Mientras exista una mujer hermosa!...»

Los escritores que con más saña han hablado de la bohemia, dicen:

—Es una escuela de melenas mal peinadas y de envidias mal comprimidas. El bohemio es el «raté» que, en su círculo estrecho, se consuela de sus fiascos maldiciendo de los que han conquistado fama y fortuna. Cuando un poeta de talento cae en la vida de bohemia, se anula, se envilece. Salir de entre los bohemios con el cerebro limpio y el cuello blanco es casi imposible. ¡Maldita sea la bohemia!

Esa bohemia, en efecto, maldita sea. Pero ¿quién os dice que los grupos de envidiosos sórdidos que existen en todos los medios sociales son los cenáculos de los bohemios? El nombre mismo, en su exotismo romántico, indica lo contrario. Ser bohemio, en el mundo de las razas errantes, como en el de los artistas apasionados, es no tener un hogar fijo, y correr por los grandes caminos buscando la dicha intangible. Ser bohemio es no quererse plegar a los yugos de la vida burguesa, para poder consagrarse a cultivar las quimeras adoradas. Ser bohemio es poner el ensueño por encima de la realidad, las flores por encima de los frutos, los pájaros por encima de las aves. Ser bohemio es tener la fuerte convicción de que, fuera del arte, el artista se agota.

¡Bohemio! No hay necesidad de fumar pipa para serlo. En el Barrio Latino actual, rodeando a Moréas o acompañando a Paul Fort, asistiendo a los mates del *Mercure de France* o tomando café al lado de Faguet; en el Barrio Latino que ya no tiene cervecerías sucias, ni tabernas oscuras, ni cafés subterráneos; en el Barrio Latino brillante, limpio, claro y alegre que todos vemos al pasar por el bulevar San Miguel, hay una bohemia que trata de no llevar camisas mugrientas, ni sombreros viejos, ni pantalones raídos. De los nuevos modos de vivir, esa bohemia ha tomado lo útil. Pero de lo antiguo ha conservado lo eterno, que son los anhelos, los ideales, los amores, los entusiasmos, los desintereses y sobre todo la pasión exclusiva del arte.

¿Qué mejor ejemplo de gran bohemio noble, que el mismo Jean Moréas, príncipe de los poetas franceses? Sus cuellos son muy blancos y su sombrero tiene los ocho reflejos reglamentarios. Su levita está cortada por un sastre del bulevar. Y sin embargo este poeta, que como prestigio es el heredero de Verlaine, también lo es como bohemio.

Tal vez alguien me dirá:

—Moréas es oficial de la Legión de Honor, Moréas escribe tragedias que los artistas de la Comedia Francesa representan ante los reyes, Moréas es el poeta que más cerca se encuentra actualmente de la Academia.

—Es cierto —contesto.

Mas, con todo y con eso, Moréas pertenece a la raza incorregible e inextinguible de los bohemios. Su juventud todo el mundo la conoce. Todo el mundo sabe que al llegar a París, no desprovisto de dinero, se internó en el país latino y ayudó a unos cuantos poetas jóvenes a fundar el simbolismo. Todo el Inundo sabe que cinco o seis veces se batió en duelo por defender a Homero. Todo el mundo, en fin, ha leído las anécdotas relativas a su vanidad estupenda y a su estupenda ingenuidad. Pero lo que en general se ignora, es que este nómada del Barrio Latino podría hoy ser, si le viniera en ganas, uno de los diplomáticos más respetados de Europa. Varias veces, en efecto, el rey Jorge de Grecia, que sabe aún ser rey y que respeta a los pobres nobles, ha ofrecido a Moréas nombrarlo secretario de la Legación y hasta ministro Diplomático.

Solo que —dice el poeta cuando alguien le habla del asunto— solo que cuando uno es poeta, no puede rebajarse.

Porque para este bohemio de sombrero de copa, no hay corona igual a la de laurel, ni paraíso comparable al monte Parnaso. No una Legación, sino una Embajada rechazaría, si para desempeñarla fuera necesario renunciar a su existencia de olímpica y vagabunda sencillez.

—Mi vida —suele decir— no tiene importancia; lo único que importa es mi obra.

Pero cuando alguien, abusando de la confianza que existe entre gente de café, le aconseja que

—No hay vida más admirable que la mía. Y en esto, por mi fe, tiene razón, puesto que los tesoros todos de la tierra no pueden compararse con los que un poeta lleva en su propia alma cuando sabe ser poeta en la vida como lo es en el ensueño: cuando sabe, cual el autor del «Peregrino apasionado», ser el Homero de su barrio, de su círculo, y recorrer las calles por donde pasa cotidianamente, lo mismo que un Emperador recorre las rutas de sus pueblos.

—Para mí —murmura Moréas— fuera de mi poesía no hay nada.

Lo dice por la tarde, cuando, acabando de levantarse, charla en el café con los profesores de la Sorbona. Lo dice luego, por la noche, después de cenar rodeado de homéridas jóvenes que oyen su palabra sonora con filial entusiasmo. Lo dice, en fin, allá al amanecer, cuando después de haber recorrido todos los lugares en donde se charla, regresa a su lejana casa acompañado por dos o tres bohemios empedernidos. Y lo dice desde hace veinte años, desde que llegó, joven y sonoro, de su Grecia natal.

«Fuera de mi poesía no hay nada.»

¿No os parece una fórmula admirable para explicar la bohemia noble y grande? Por repetirla mentalmente, los muchachos a quienes sus padres les ordenan que estudien derecho o medicina, mueren en la miseria y mueren felices. Por repetirla, otros viven una vida de supremos goces y de admirables triunfos. Porque todo estriba en creer en el arte como se cree en una religión y en ofrecerse al martirio de todas las privaciones antes que renegar de la belleza.

Y lo que no es esto, no es bohemia, sino miseria, o crápula, o desorden o impotencia.

Mayo de 1907

El arte nuevo

Hace algún tiempo Paul Roussel, el brillante escultor que obtuvo en 1895 el premio de Roma, me explicaba las aspiraciones artísticas de sus compañeros:

—La escultura nueva —decíame— no procede de ningún gran maestro en particular, por lo mismo es diferente de todas las «escuelas jóvenes» que florecieron en épocas anteriores. Hace veinte o treinta años, por ejemplo, todos los que iban a la Escuela de Bellas Artes era con objeto de imitar los modelos clásicos y de seguir la senda que sus maestros les trazaban. Entre esas sendas hubo dos o tres caminos de Damasco que fueron encontrados por Falguière, Barrias y Chapú. Hoy, al contrario, los talleres son libres por completo, y así se ve que entre los discípulos de Tomás hay algunos que trabajan «en un estilo» enteramente opuesto a toda la tradición, y que entre los alumnos de Falguière hay muchos que imitan a Rodin o a Carpeaux. Por lo demás la Escuela de Bellas Artes no es, ni con mucho, el lugar donde un observador puede darse cuenta de las tendencias actuales de la escultura. Para conocer los ensueños que hoy animan a la juventud artística, es necesario visitar los talleres humildes, los talleres que por lo pronto casi no producen nada, pero en los cuales trabaja y medita un núcleo de hombres que serán mañana los príncipes del arte francés. Yo le aconsejo a usted que visite a Gregoire, a L'Hoëst, a Lalande, a Batê, a Lefebre y a Roux.

Estas indicaciones del delicado y famoso autor de *David vencedor de Goliat*, acaban de serme verdaderamente útiles, pues gracias a ellas he tenido el gusto de ver de cerca a varios de los artistas jóvenes que más y mejor trabajan por realizar algo nuevo en mármol o en bronce.

El más conocido de todos, Gregoire, me recibió en su taller de la rue Chomond una mañana del último enero, y después de enseñarme dos o tres *maquettes* recientes, me dijo:

—Por ahora la escultura verdadera, la antigua escultura, no tiene gran importancia para mí; lo único que desde hace un año me preocupa, es la cerámica de arte:

—¿Ha visto usted mi gran bajorrelieve de Bullier? Yo creo que es lo único que he llevado a cabo con verdadero entusiasmo... y sin embargo es muy imperfecto... Pero también es muy nuevo; antes de que yo hiciese eso, los que trabajaban en un arte análogo se contentaban con modelar de un modo casi imperceptible las figuras del relieve cuando no moldeaban en porcelana un asunto conocido y diminuto. Yo, al contrario, he querido aprovechar las últimas conquistas de la industria de la cerámica para dar vida y movimiento en grandes *paneaux* decorativos, a las figuras que concibo. Además he tratado de «escapar a la antigua esclavitud de los grandes mantos, de los torsos desnudos, de los gestos clásicos, etc.», y de presentar algo de la vida contemporánea.

—Ya sé que las levitas de paño y los sombreros de copa no son un gran «asunto» para las creaciones plásticas; pero ¿acaso no tenemos más que eso? La mujer de nuestros días es tan artística, en su parte exterior, como la mujer de cualquier época histórica: una falda de seda o un «sombrero de plumas», o una camisa de batista, o una media de seda negra valen tanto como una clámide y dos sandalias... Lo fatal es que todos pasamos por la Escuela de Bellas Artes y que allí solo se nos enseña a admirar «lo antiguo.» —En mi trabajo para la portada de Bullier tuve la buena fortuna de encontrar el apoyo práctico de dos compañeros —Lalande y Bate— que piensan como yo y que tratan de llegar a la celebridad sin inclinarse ante las convenciones caducas.

Algunos días después de esta visita, Paul Lalande (que es el más agradable y el más simpático de todos los jóvenes artistas franceses) me sirvió de guía para ver los grandes relieves decorativos de que Gregoire me había hablado.

La escena del *paneau* es enteramente moderna y aun enteramente «modernista» en el sentido que dan a esta palabra los revisteros del bulevar. No tiene título ninguno, pero podría llamarse *La glorificación del baile.* —Una parisiense ligera y sonriente levanta la falda y baila, y se mueve en un ritmo plástico lleno de violencia, de locura y de fiebre, pero lleno también de armonía y de discreción.— ¿Es la diosa de la danza fin de siglo? ¿Es el símbolo de la divina catalepsia? No. —Es una imagen del «baile francés», de ese baile que es alegre sin ser ruidoso y que tiene la discreción aristocrática de la pavana y el aliento nervioso del can can.— Para servir de columnas artísticas a este gran lienzo escultórico, los autores han ejecutado dos bajorrelieves que representan a la parisiense por excelencia —a la parisiense de veinte años— y que pueden ser considerados como un prólogo al *paneau* del baile.

Las ideas de L'Hoëst son menos radicales que las de sus compañeros de que acabo de hablar. Sus obras hacen más bien pensar en los yesos de todos los museos clásicos que en los ensayos atrevidos de los hijos espirituales de Rodin.

Sin embargo algunas de sus figuras recientes pueden ser consideradas como fragmentos casi perfectos de una creación futura que será digna de Ajalbert o de Puech.

Lo único que le sirve de título para que sus devotos le clasifiquen entre los artistas innovadores, es cierta preocupación ideológica que le obliga a buscar glosas para explicar el movimiento del mármol. Su estatua del *Fastidio* (coronada en el Salón de París y en la exposición de Angers) habría sido incomprensible si mi querido amigo el noble y raro poeta

Emile Watin no hubiese escrito en el zócalo la siguiente estrofa lapidaria:

Flamme condamnèe à la cendre,
Front sans rêve, âme sans essor,
Tout ton espoir sera d'attendre
Que L'ENNUI te céde à la mort

15 de febrero de 1896

El salón I

Campo de Marte

En todos los países del mundo el mes de abril es el mes de las flores. En París es el mes de los cuadros.

¿Cuántos cuadros se exponen en París durante el mes de abril? ¿Cinco mil? ¿Diez mil?... Más aún: quince o veinte mil.

Naturalmente entre todos ellos no hay ni un octavo por ciento que sea admirable; pero el conjunto sirve para hacernos ver que aún hay una ciudad en la tierra que considera el arte como uno de los más intensos elementos de vida.

Mis lectores deben de saber que el «Salón» o sea la exposición oficial de pintura y escultura se divide en dos secciones: una de independientes, de jóvenes, de artistas libres, el Campo de Marte: —otro de maestros consagrados, de viejos académicos, de profesores empedernidos y de aspirantes a cargos públicos, los Campos Elíseos.

Hablemos hoy de los primeros que acaban de abrir al público las puertas de sus palacios y dejemos a los otros para la próxima quincena.

Lo primero que llama la atención al entrar en el salón del Campo de Marte, es el envío de Puvis de Chavannes. Después del *Invierno*, después de las decoraciones del Municipio de París, después de los *Pobres pescadores* que son tal vez la obra más admirable que ha producido nuestro siglo, cuando todos esperábamos ver al maestro dormirse sobre sus gloriosos laureles, viene la más asombrosa y la más completa muestra de talento que un pintor haya dado jamás a sus contemporáneos.

Y al hablar así no quiero referirme a esos cinco grandes lienzos decorativos que Puvis ha ejecutado últimamente para la Universidad de Boston y que son ahora el verdadero *clou* de las exhibiciones artísticas de la capital de Francia. No. Lo más grande, lo más bello, lo más completo del artista parisiense son los quinientos dibujos que adornan la sala de Campo de Marte. En ellos, efectivamente, está la historia detallada y completa de uno de los talentos más vigorosos y de una de las voluntades más firmes que nacieron nunca del hombre; en ellos se ve el germen de algunas obras maestras, los estudios para muchos cuadros admirables, las dudas de un temperamento sincero, las visiones de una imaginación ardiente, la ruta, en fin, que condujo a Damasco a un gran artista.

Viendo esos dibujos se comprende de un modo claro lo que Puvis ha soñado y trabajado. En cada uno de ellos hay algo que nos indica una variante o un cambio. El conjunto es como una autobiografía artística enteramente impersonal y enteramente franca.

...Sigamos esa gran calle de cuadros: pasemos por entre todas las obras mediocres y pálidas de mil y un pintores pretenciosos: busquemos algo nuevo, algo original.

Aquí sí, aquí; detengámonos ante este lienzo que hace pensar en los buenos artistas de la Italia primitiva y que al mismo tiempo nos revela mucho de la inquietud complicada y enfermiza de nuestra pobre alma moderna. Este cuadro se titula *Sirenas*... nombre ridículo... pero eso qué importa puesto que ante él todos los recuerdos clásicos desaparecen para no dejar en nuestro cerebro sino la sensación exquisita de un sueño vago que tiene algo de triste y mucho de ideal.

Grasset también nos proporciona asunto para mil soñaciones indecisas y encantadoras con sus tres cuadros simbólicos que representan los meses del año, las edades de la mujer y los aspectos de la naturaleza.

Y también Brune Jones, el maestro inglés, nos transporta a través del tiempo y del espacio a un mundo de sentimiento vaporoso, de atmósfera pálida, de sentimentalidad religiosa: a un mundo donde las formas casi incorpóreas se esfuman lánguidamente para no dejar más vida que la de los grandes ojos místicos y más actitud que la de las manos delicadas.

Antonio de la Gándara tiene valor para reírse de la opinión del vulgo y por eso continúa haciendo retratos, nada más que retratos: pero retratos que son, por la expresión de humanidad que contienen y por el gesto sintético que expresan, verdaderos fragmentos de vida intensa y pura, «tajadas de mundo» como dicen los Goncourt, obras, en fin, que sin gritar con colores románticos, encierran más alma y más cuerpo que los lienzos de Jean Paul Larent.[1]

De Carriere casi es imposible hablar sin repetir lo que otros han dicho de él. Su obra es siempre la misma en el fondo y todos han hablado de su obra: pero es tan agradable hablar de las grandes cosas.

Su cuadro de este año es un *Goncourt*, un *Goncourt* de pequeñas proporciones. El artista de la *Faustin* y de *Charles Demailly*, está representado en la época lejana de la producción y de la lucha antes de la viudez intelectual en que le dejó la muerte de su hermano, después de los primeros triunfos, cuando su cabellera rubia comenzaba a encanecer sin que sus mejillas se marchitaran.

Como factura no hay nada superior, ni los divinos lienzos de Besnar, ni las litografías de Fantin Latour, ni los retratos fastidiosos y magníficos de Bonnat, ni aun las composiciones geniales de Puvis.

1   Parece referirse a Jean-Paul Laurens (Fourquevaux, 1838-París, 1921), pintor, escultor e ilustrador francés.

¿Y luego? Luego muchos cuadros, muchas estampas, muchos pasteles... tantos pasteles, tantas estampas y tantos cuadros, que sería necesario la vida de un hombre para verlos todos con atención.

Y en cada una de esas obras mucha habilidad y aun mucho talento; pero ninguna «garra» ni una chispa de ese fuego divino que hace que una obra, mala o buena, se reconozca entre muchas otras obras, nada de ese sentimiento de lo «raro natural» que distinguió a Manet, nada más que trabajo e inteligencia, en fin.

Abril de 1896

El salón II

Campos Elíseos

Después de haber visto el Campo de Marte en donde los jóvenes exponen sus obras, veamos los Campos Elíseos, lugar casi oficial consagrado a los artistas conservadores, a los moderados del arte, a los ministeriales del ideal. Entremos por la gran puerta; admiremos los grandes «envíos» de escultura; detengámonos ante los bronces heroicos y ante los divinos mármoles...

¿Cómo se llama esa Venus moderna delante de la cual todos se detienen? ¿La danza? Sí, la *Danza* de Falguière. — Alta, muy alta, tal vez demasiado alta, la belleza desnuda aparece ante nuestra vista ya no en su actitud clásica, casta y noble, sino complicada, retorcida, tratando de encontrar una parte de su encanto en la elegancia del gesto. Los ojos mismos que en las estatuas griegas son eternamente blancos, parecen aquí dilatarse y buscar una sombra ligera en el hueco profundo de las cejas... Como fragmento de desnudo nada hay más bello; pero como modelo para escuelas futuras, nada hay más peligroso... Es la *Danza* como el *San Juan* de Rodin, es la Fe; es la danza de nuestra época; no es Terpsícore y no tiene nada de musa.

Tal vez por eso es bella ahora...

Los parisienses han puesto un nombre en el zócalo de la estatua de Falguière, pretendiendo que ese divino cuerpo de Diosa Moderna es el de Cléo de Mérode, la bailarina amiga del rey de Bélgica.

Después de la gran obra del famoso estatuario que antes de producir esta deliciosa *Danza* había dado vida a la más bella de las *Dianas*, la gran calle de bustos y de estatuas se prolonga ante nosotros como una avenida de formas sin fibras.

La obra de L'Hoëst no significaría cosa alguna y sin embargo sería bella a no ser porque George Bois la ha ilustrado con un soneto que en vez de aclararla la oscurece por completo.

¿Y la obra de Fermín Batê? —Una figura delicada en su enormidad, un pedazo de humanidad blanca, un fragmento de vida sin vida verdadera.

Pero L'Hoëst y Batê son jóvenes y debían estar en el Campo de Marte. Aquí lo interesante no es el crepúsculo de los talentos sino la agonía de los verdaderos temperamentos. Lo que debe llamar nuestra atención en este «salón» es esa *Danza* de que ya hablamos y ese *San Miguel* de Freniet que amenaza hieráticamente protegido por la sombra fría de sus alas enormes y perfectas.

Las *Panteras* de Gardet también merecen un cuarto de hora de admiración porque son lo más puro y lo más perfecto que el arte clásico ha producido este año. Los alumnos de la Escuela de Bellas Artes deben de detenerse ante ellas con el mismo recogimiento casi religioso que los artistas independientes sienten al contemplar las obras tal vez menos perfectas y sin duda más pasionales de Carpeaux y de Rodin.

...Pasemos, pasemos... Lejos de Rodin la escultura de nuestra época no puede producirnos sino emociones incompletas y goces llenos de tristezas... Pasemos...

He aquí los cuadros; el color da variedad y da vida. Andemos más despacio que en los patios de la escultura; bajemos el cuello del gabán puesto que aquí no hace frío... Y busquemos los rincones en los cuales se puede uno poner de rodillas, como en un templo, para adorar a la diosa de mil formas, a la eterna, a la inmutable, a la divina Belleza.

Ondine de Fantin Latour es un pastel de pequeñas dimensiones; mas la impresión que produce en los que la contemplan con inteligencia, es inmensa. Parece la miniatura de un fresco decorativo. Sus delicadezas mismas son casi épicas. El movimiento de la ondina se prolonga visionariamente, alejándola de nuestra vista, reduciendo sus gestos y proporcionándonos, en fin, ese sentimiento de la «estabilidad inquieta» que Barye consideraba como el primer elemento del arte.

Fantin Latour es uno de los maestros clásicos de Francia que en vez de envejecer artísticamente, va afinándose cada día más y que no solo no se duerme sobre sus laureles, sino que pasa casi todas sus noches en vela tratando de descubrir en los cabrilleas de la claridad lunar una nota nueva, una gama exquisita, una forma vaporosa. —Lástima grande que este año solo haya expuesto sus pequeñas producciones.

Henri Martin envía dos cuadros: un retrato de mujer parecido a los retratos de Aman Jean, y un gran lienzo simbólico a la manera de Puvis de Chavannes. —El gran lienzo no tiene título ninguno, pero la composición nos indica que el pintor quiso compendiar en él la inspiración artística, rodeando el retrato de un maestro escultor de musas bienhechoras. En el fondo nada tan conocido como asunto, nada tan realizado como ensueño decorativo, nada tan vulgar como símbolo. Y sin embargo con eso vulgar, realizado y conocido— Henri Martin ha hecho algo que es enteramente nuevo y enteramente hermoso. Sus musas no son las divinidades paganas, elegantes y pesadas del Renacimiento; son musas católicas, musas místicas, musas medioevales, cuyas desnudeces flacas, frágiles, castas, carecen de la majestad inconsciente de las figuras griegas y tienen, en cambio, una gracia menuda hecha de gestos delicados y de actitudes humildes; no son las musas que *dan*, son las musas que *traen*, son las mensajeras del Señor y no las dueñas de la inspiración. El color indeciso y pálido, hace pensar en los frescos de las iglesias italianas de la Edad Media.

Un retrato de Herner representaba a Carolus Durán en el otoño de la vida, cuando su barba de conquistador comienza a llenarse de florecimientos blancos; cuando su cabellera legendaria se vuelve una modesta cabellera igual a la de todo el mundo.

Yo no sé si las damas admiradoras de Carolus Durán habrán reconocido en este hermoso perfil, al héroe cuyo nombre sonoro y cuya figura novelesca las hizo soñar hace diez años; pero de mí sé decir que entre todos los lienzos que nos muestran al célebre pintor, éste es el único que me parece discreto y sincero.

Otro gran retrato es el de Benjamín Constant, titulado: *Mi hijo*.

Entre las composiciones ligeras una sobre todo me ha seducido. Es de un pintor modesto cuyo nombre no debe de haber sonado muchas veces en los oídos de mis lectores, de M. Grun. Se titula *Sujet d'affiche* y representa una parisiense de circo o de café concierto, vestida de un modo extravagante y tocando el bombo y los platillos con un entusiasmo febril, casi vertiginoso. En el segundo plano aparece una playa de París, en la noche, una playa caricaturesca, con sus policiales, sus cocheros y sus vagabundos envueltos en una atmósfera negra de sueño de opio o de linterna trágica.

El conjunto es encantador. Parece un *Cheret* con algo de macabro en el movimiento y mucho de energía en el color.

Los pintores españoles en París

Después de haber inscrito gloriosamente su nombre en los muros de los museos de España, de Alemania y de América del Norte, hace un año el gran Sorolla quiso obtener los sufragios de París, y los aplausos de la crítica coronaron —sin nota discordante apreciable— el esfuerzo tenaz, cuyo fin es, según la frase de Pierre Jan, «la conquista de las síntesis de los rayos solares.» Y no es que Sorolla se detenga a descomponer los colores del prisma para entrelazarlos entre sí con la ayuda de artificios pictóricos, como lo hacen los neoimpresionistas de la escuela francesa. Sorolla pinta francamente. No impone a su paleta el método científico de los Signac o de los Luce. Ve, en una palabra, antes de pintarla, la naturaleza amplificada por la voluntad de los elementos de que está constituida y no por la dependencia de estos elementos. Esto equivale a decir que si sus ojos ven una sombra azul, su pincel describe esta sombra azul como la ha visto, no como haya podido «aprender a verla.» Y gracias a esta perfecta independencia de interpretación del color, las obras de Sorolla impresionan hasta el extremo de obligar a Rochefort a exclamar ante uno de sus lienzos: «Siéntense ganas de gritar de admiración.» Y, en efecto, un grito de admiración nos arrancan algunas de las obras de Sorolla, un grito que no es posible dominar, un grito franco.

El cuadro que suscita esta frase, del ardiente polemista francés, representa a los hijos del pintor vestidos con trajes nacionales españoles, cabalgando en una mula ricamente enjaezada. Jamás la intensidad de la luz solar ha sido mejor distribuida en rostros humanos y entre los pliegues de la ropa. Añadid a esto una extraordinaria intención de elegancia y el encanto de los cuerpos juveniles, ligeros y gráciles. Es necesario no olvidar que Sorolla no se deja influir por el color hasta el punto de olvidar la «mecánica del dibujo.» Construye, por el contrario, sus personajes con una atención admirable; lo que le permite, enseguida, abandonarse libremente a la deliciosa locura de capturar los rayos solares, y de bañar en ellos las rocas, las aguas del mar, los árboles, los cuerpos desnudos de los niños rientes que tanto le place representar sobre las arenas de la playa.

Claro es que los detractores de la bella línea, los «impresionistas insolentes» que deshonran la naturaleza cuando la ven, después de haberla privado de sus formas lineales y de su poesía; esos incoherentes sienten horror hacia este gran colorista, que posee todas las cualidades de los impresionistas, sin olvidar que la obra de arte no es realmente bella si no es armoniosa. A decir verdad, fueron los artistas, sobre todo, los que festejaron a Sorolla cuando su exposición. Algunos, de entre ellos, que pintan sombrío y cuya pintura se hace notar en fuerza de trivialidad, acudieron presurosos a tomar lecciones ante ese Sol, hasta entonces desconocido; lecciones que ¡ay! no han de aprovechar jamás, a menos que tengan genio.

¡Cómo recuerdo aquellos resplandecientes cuadros!... Los bueyes, saliendo de la mar, arrastran hasta la orilla una barca cuyas velas están hinchadas todavía por el viento. El pescador dirige su yunta. Las olas, estrellándose contra las bandas de una lancha, envuelven las patas de las bestias y las piernas del hombre, deshaciéndose en espirales rápidas, multicolores, adornando con blanca espuma la gallarda cresta de las olas. El Sol de un mediodía tórrido inunda todas las escenas: lame los húmedos pelos de los bueyes; estalla en las velas, semejantes a fantásticas aves; caldea el tostado rostro de los pescadores; baila sobre la mar inquieta; colora todas las sombras y les presta calor y las dota de ricas transparencias. No hay notas discordantes. Los azules de cobalto puro son, ciertamente, como en francés se dice, «osados»; pero la osadía de esos colores no choca a nadie. Al contrario, esta espléndida explosión de luces armoniosas, perfectamente combinadas, nos seduce, y ese Sol de Sorolla entusiasma.

En otra parte, ocasiones más tiernas y menos ardientes, los niños juegan en la playa. Las muchachas vestidas con trajes flotantes, las muchachas valencianas, en cuyos cuerpos, que se adivinan poderosos, se deleita la brisa áspera del mar, llevan de la mano a unos cuantos niños, a quienes la idea del baño divierte o aterroriza cómicamente. Allí un grupo de adolescentes de nerviosos cuerpos sobre la roca; allá un nuevo aspecto de la costa; más lejos, un ángulo de la playa que el mar acaricia con sus olas de un azul ardiente; en el otro extremo unas rocas rojizas, reflejándose en las aguas. ¡Y sobre todo este maravilloso espectáculo, el cielo claro y resplandeciente, siempre el cielo divino de Valencia, el cielo de Blasco Ibáñez!

¡Grande pintor aquel que sabe despertar en nosotros la admiración y que nos enseña a amar el Sol sagrado, el Sol que fecunda!

Zuloaga es el descendiente más directo de Velázquez, de la vieja escuela española. Es fuerte, es sobrio y un tanto áspero, a pesar del lujo de sus trajes y de los reflejos de sus armaduras. Serio, solo dibuja sonrisas en el ángulo de los labios de sus modelos y si hace reír a sus héroes, su risa es nerviosa y descubre una doble hilera de crueles dientes. Si ensaya la comedia de la seducción, imprime a los cuerpos voluptuosos movimientos, incendia las miradas y hace que los ojos digan un himno de pasiones dolorosas. Así, por ejemplo, aquella mujer envuelta en un mantón de complicados bordados que se presenta en tres cuartos vista de frente, de perfil y de espaldas. Su mano mueve un abanico. Su falda corta de lucientes sedas, no llega sino a sus tobillos.

Sus pies calzados de raso, palpitan nerviosos, bajo las faldas transparentes. Su cabellera, negra, está cortada por la mancha sangrienta de una flor de púrpura. Su cuerpo tiene la inclinación natural de esa raza de mujeres de quienes puede decirse que la sangre no se inmoviliza jamás en las venas.

Esta mujer está siempre presta a las luchas amorosas más violentas, al amor que es un drama, al amor que es la exasperación sensual. Sus ojos, bellos ojos aterciopelados, tienen esa fijeza de la mirada que los maestros de antaño eternizaron con tanta nobleza.

Zuloaga es un pintor de raza, y que quiera o no quiera, un pintor de tradición. Del mismo modo que trata escrupulosamente un paisaje, define la armonía de un traje y construye la anatomía del cuerpo humano con ese cuidado que se nos antojaría ficticio, convencional y amanerado, si no persiguiera su ideal con perfecta comodidad.

La obra de Zuloaga tendrá ese raro mérito de la unidad completa. Es el decorador ideal para los salones de algún austero palacio. Allí, por lo menos, en un cuadro que yo veo sencillo y noble entre los motivos de una arquitectura de líneas tan puras como nobles, su imaginación podría soltarse libremente y no dudo que entonces se revelaría como un gran decorador. Sería necesario, para admirar esos lugares imaginarios, un alma de artista muy delicada.

Recuerdo un artículo publicado antes de la exposición universal de 1900 por M. Raymond Bouyer. Asombrábase el crítico del despertar artístico de España. Y decía: «Italia se desenvuelve... pero la España encierra algunas miradas de pintores que retrotraen a Velázquez, a Goya. Si el mediodía canta, con Sorolla y Bastida sobre las rubias playas, la negra mantilla caracteriza muy particularmente retratos agrupados por Zuloaga sobre un fondo triste... Desquite latino, no ya del estilo italiano que reanima a los dioses en el solio de los mediterráneos brumosos, sino del ensueño meridional, más encendido, que dirige la realidad contra los enigmas de Ibsen y los sueños de Wlustler, contra el misterio y contra la noche, contra todo lo que se encierra, se nubla y murmura. Es el "verismo" en pintura, análogo al "mascagnismo" cobrizo de *Cavalleria rusticana,* de la "música a golpes de puños" que se prolonga galvanizando la realista elegía de la *Vida de Bohemia.*»

En suma, si nos limitamos a la confirmación pura, vemos a los pintores españoles modernos seguir el camino que sus antepasados les trazaran, camino donde el «realismo» parece ser la escuela dominante. Sería en verdad extraño que artistas que viven en paisajes tan pintorescos y tan prestigiosos como los de España y bajo un Sol tan raro como violento, no hubieran venido naturalmente a la presentación realista de los aspectos de la naturaleza y de las costumbres del país. Y luego ¿es que los maestros de la gran escuela pictórica española no han sido siempre y ante todo realistas? Por lo menos en el cuidado de no «violar» la naturaleza y en la verdad de la expresión de la figura humana, siempre lo fueron. Pero no por esto hay que negar que Manet, Sisley y sobre todo Claudio Monet han contribuido a modificar la visión de los nuevos pintores españoles. Poco a poco las tenacidades «bituminosas» desaparecen de sus obras. Sorolla, como dice Pierre Jan, «ha descubierto el Sol, capturado sus transparencias y sus reflejos.» Y al lado de este maestro hay otros pintores: Mir, un admirable artista loco que apenas conocemos, Casas, Juan Brull, Feliú, Nonell Mouturiot, Ricardo Canals, Baixeras, L. Berrau y otros más jóvenes, pintores de cigarreras y tipos populares de España, algunos que descienden de

Goya, ironistas a veces, a veces trágicos, siempre un tanto crueles, sinceros siempre.

¿Debo hablar por último de Rusiñol, después de Rubén Darío? Es el más inspirado de los paisajistas-poetas. Ha sabido «verter olas de Sol sobre los jardines de España», conservándoles su carácter, su claridad, su encanto, su grandeza.

¡Rusiñol, pintor de jardines!

Parece que ha recorrido todas las avenidas floridas, abrazando con mirada conmovida los horizontes azules, largamente soñados al borde de los estanques marmóreos custodiados por pétreos leones inmóviles. Otras veces se sienta a la sombra de un ciprés y desde allí ve sucederse los planos de meseta cubiertos de arbustos tallados, donde una multitud de flores canta la espléndida sinfonía de los colores.

Y después, cuando se siente cansado de los jardines, de sus jardines, de sus divinos jardines, emprende viajes hacia lejanas campiñas de Andalucía. En estas campiñas pasa los días un tanto a la ventura, deteniéndose a gusto en la contemplación de la naturaleza. Cuando la belleza le rinde el homenaje de su munificencia, instala su caballete al borde de un misterio verde y azul y ejecuta una de esas páginas que tanto admiramos por su verdad y su sinceridad artísticas.

El arte de Rusiñol es un arte de seducción. Escoge este pintor sus aspectos y los arregla con un extraño placer. Apasiónase por los grandes espacios. Su vida es un sueño. A sus pies hay un jardín, donde florecen los naranjos; detrás del jardín, una aldea y una iglesia; más lejos las planicies holladas por veredas que dora el Sol y alegradas por árboles que se yerguen sobre la hierba verdosa. Más allá todavía, montañas dispuestas con gracia, y la nieve que brilla en las más altas cúspides. De este modo obtiene sus horizontes infinitos. Sus paisajes hacen soñar y pensar. Os dan ganas de recorrerlos, de instalaros en ellos para vivir con el amor en el corazón y la

paz en el alma. Si Rusiñol no fuera más que pintor, puede ser
que no llegara a un grado de emociones tan definitivo, pero
es también poeta, y su poesía es arrulladora y fuerte como
la savia que trabaja en el naranjo, como la brisa sutil que se
desliza por entre las hojas jóvenes del amarillo pálido de la
primavera.

Anglada-Camarasa es el más original de los pintores españoles que habitan en París. Se trata de un gran colorista,
pero de un colorista que condensa particularmente los efec-
tos de la luz artificial. Ved una cualquiera de sus escenas
nocturnas, un grupo de mujeres en un cafetín o desfilando
por las avenidas de un parque. Sin recurrir a la luz eléctrica,
se arregla de manera que condensa sobre sus personajes el
máximum de una luz que parece se desprende de ellos. Con
arte muy sabio aprovecha su paleta para las escenas de la
vida moderna a la hora en que las bombitas del alumbrado
público se encienden. Pero no solo es nocturno. Nos ha de-
mostrado elocuentemente en su *Mercado de gallos* cuán rica,
múltiple y variada es su ciencia. Todavía tengo delante de
mis ojos aquel cuadro que hace dos o tres años presentó en el
Salón. En primer término aparecen los gallos, de magnífico
plumaje. Los rojos, los verdes, los amarillos, bailan en este
cuadro una desenfrenada zarabanda, con una «fugue» casi
diabólica. Con tan variada coloración experimenta uno a la
vez una nerviosidad que llega hasta el dolor y un placer dulce e indecible. El recuerdo persistente de esta imagen queda
luego borroso como cuando se mira largo tiempo al Sol de
una tarde de otoño. Observad otras escenas más sencillas de
un tono menos intenso. He aquí un rincón del jardín al que
da vida una mujer morena vestida de blanco; un sombrero de pluma azul, si mal no recuerdo, «encuadra» su rostro
muy fino, muy pálido, casi anguloso. Cuando anda, levanta
la falda y deja entrever dos tobillos que muestran su delga-

dez extrema. Pero la tela del vestido disimula su cuerpo, que acaba por olvidarse y hace de este ser una imagen del deleite perverso, todo ilusión, misterio y lividez.

Anglada-Camarasa se encariña con esta clase de mujeres porque conoce sus posturas así como sus gustos. Seguid su pincel que corre sobre las telas alineando con largo trazo el carácter justo del perverso modelo. Imaginad qué ciencia preside a la receta siempre sabia de esos «empatements» que se suceden y se enlazan prestigiosamente en una sinfonía de colores exasperados —sin duda— pero jamás inútiles, groseros o inarmónicos.

Algunos pintores evolucionan en el mismo campo de visión que éste. Ninguno le iguala como colorista. Y creo que nunca ha de ser imitado, porque si alguien puede aproximarse a sus visiones, paréceme imposible que se copie su paleta.

Julio de 1907

Los teatros

Esta crónica no es para los literatos, mis compañeros, ni tampoco para los curiosos de novedades escénicas que necesitan saber todo lo que sucede en un drama y todo lo que una comedia vale. Es una simple crónica para los que leen después de comer, sin poner gran cuidado en lo que leen; una crónica en la cual se habla de muchas cosas sin profundizar ninguna; una crónica en fin que no fatigará a nadie, que interesará a algunos y que gustará a los demás.

En ella se habla del Teatro y de los teatros, y de las grandes actrices de París, y también de algunas piezas a la moda y de cuatro o cinco autores famosos.

No sé si es una fortuna o una desgracia, pero lo cierto es que Sarah no ve nunca transcurrir un mes completo sin que un escándalo cualquiera haga hablar de ella en todo el mundo. El escándalo de esta semana ha sido provocado por Jeanne Granier, una actriz que parece deliciosa en el teatro y que luego no nos ofrece, cuando almorzamos juntos en casa del viejo Sarcey, sino el perfil inmenso de una nariz algo envejecida y el reflejo fatigado de dos ojos que sin duda fueron azules en tiempo del Imperio. No importa: Jeanne Granier es una artista de talento y Sarah la quería para su teatro —nada más que para su teatro—. Pero, ¿cómo obtener de ella una promesa formal?

Un día, en casa de Fouquier, las dos actrices, después de haber comido juntas, hablaron de cosas serias.

—¿Le gustaría a usted uno de los primeros papeles de *Snobs*?

—¿Bien pagado?

—Bien pagado.

—Sí; me gustaría.

—¿Firmaría usted un contrato?

—¿Ventajoso?

—Ventajoso.

—Sí; lo firmaría.

Y al día siguiente, en efecto, la señora Granier y la señora Bernhardt firmaron un contrato en papel sellado, según el cual la primera «se comprometía a representar en el Renacimiento la pieza titulada *Snobs* en tiempo oportuno y siempre que la segunda la previniese un mes antes del primer ensayo de la obra.»

Snobs debe comenzar dentro de un mes; Sarah acaba de escribir a Jeanne Granier y ésta ha contestado negándose a cumplir lo estipulado. De allí una discusión, y un proceso que dentro de algunos días hará reír a muchos parisienses y meditar a muchos magistrados.

Entre tanto Sarah sigue haciendo admirar, en su creación de Lorenzaccio, las más delicadas, las más puras y las más finas pantorrillas de sesenta años que jamás han aparecido ante los ojos del público parisiense.

—...¿Sesenta años? —preguntará alguien con espanto.

—Sí, señor, sesenta o poco menos; porque... verá usted... Sarah nos aseguraba el día de su célebre coronamiento, que tenía cincuenta y dos; pero yo me acuerdo de haber asistido, hace seis o siete años, al matrimonio de su hijo Mauricio, el cual, según el alcalde de un distrito cualquiera de la capital, tenía treinta y un años... Así, pues, mi muy querido señor, la madre de un caballero que ha pasado de los treinta y seis...

Pero digamos cincuenta y dos, si ustedes gustan.

...Pues bien, las pantorrillas tienen a lo más veinte... ¡Y son tan lindas!... Yo no me acuerdo de haber visto jamás, ni en el famoso Edén, ni en la Opera, ni en el Casino, ni en casa de mi amigo Legarde que es profesor de danza, una pantorilla más aristocrática.

«Sarah es una artista admirable —dijeron todos en París hace tres meses—; no contenta con dar a conocer a los nuevos, quiere revelar a los muertos y hace el sacrificio de vestirse de hombre, para hacer admirar a uno de los mejores tipos de Alfredo de Musset.»

Después de haber pasado una hora en el Renacimiento, estoy seguro de que lo que la gran trágica se proponía hacer admirar, no era el genio de Musset, sino la belleza de sus pantorrillas.

El Odeón, que generalmente no ofrece a sus espectadores sino piezas apolilladas, nos da ahora la más graciosa y la más fresca creación del más joven dramaturgo francés: *El extranjero*, de Augusto Germain.

El hijo de una dama divorciada y la hija de un banquero se adoran y quieren casarse.

—«Perfectamente —dicen los padres— pero antes es necesario que consultemos.

—¿Consultar? ¿Y a quién?

—Yo —dice la dama— a mi antiguo marido.

—Y yo —agrega el banquero— a mi socio.»

Ahora bien, el socio y el antiguo marido son la misma persona, un tal Simpson que por casualidad está enamorado de la novia de su hijo y que, como es natural, se opone al matrimonio. Pero el amor es siempre más fuerte que el odio y más fuerte que la voluntad y más fuerte que el interés. Los dos enamorados se escapan y cuando el padre, que es al mismo tiempo el «socio» y el «novio viejo», encuentra juntos a su hijo y a su «dulce tormento», se echa a llorar y los perdona. Eso es todo.

...Eso es todo, en efecto; pero la gracia, la frescura, el ingenio, la malicia, la ternura y la belleza, no están en la acción misma sino en los detalles, en las escenas *à coté*, en las digresiones, en los personajes secundarios y sobre todo en esa deliciosa Jany cuya alegría picaresca de doce años llena de sonrisas y de risas, de inocencias y de inconsciencias, de besos y de juegos de palabras, la acción principal del drama.

A pesar de la Comedia Francesa, del Ministerio de Bellas Artes y de los jueces del Sena, Coquelin el viejo, el gran Coquelin que según la frase de Amicis es «el rey de los reyes del teatro», Coquelin el grande, sigue siendo el verdadero *clou* de la Porte Saint Martin.

Los carteles anuncian «El coronel Roquebrune —drama en cuatro actos de Monsieur Georges Ohnet—» pero en realidad lo que el público va a buscar en el antiguo teatro de los melodramas históricos, no es una pieza del autor de *Sergio Panine*, sino un gesto de Coquelin.

Y sin embargo la pieza en sí misma, aun no teniendo nada de literaria, nada de filosófica, nada de artística, es uno de los modelos más perfectos de cierto género populachero que, al fin y al cabo, siempre es un género. Ohnet no ha escrito nunca nada mejor. Las más admirables piezas de Ennery y de Mary, son inferiores. El mismo Alejandro Dumas obtuvo rara vez, de un modo tan sencillo, un efecto tan dramático.

El coronel Roquebrune es un valiente soldado de Napoleón que va a París comisionado por un mariscal del Imperio. Va contento porque espera volver a ver a su novia, Teresa de Reval. Va orgulloso porque acaba de ver al Emperador en Santa Helena y porque trata de salvarle por medio de una conspiración. En una taberna en la cual se encuentran reunidos varios oficiales, un capitán cuenta sus aventuras galantes y asegura que una de las dos señoritas de Reval le ha dado un beso apasionado y criminal. El coronel se pone de pie, da una bofetada al capitán, y al día siguiente le mata en duelo. Luego va a buscar a su novia y le dice brutalmente que acaba de matar al capitán de Verandias. Ella no responde una palabra; acusa como conspirador al coronel y le hace encarcelar y condenar a muerte. Pero eso no basta a la venganza de la mujer: es necesario que antes de morir, su víctima sepa que es ella la acusadora. Va, pues, a la prisión en que el condenado espera sus últimos instantes y se lo dice todo. El coronel le refiere entonces las circunstancias nobles del duelo, la enternece y consigue que ella le proporcione escala de seda por la cual se evade.

«¿Y "la Obra", el teatro de los poetas jóvenes y de los dramaturgos extranjeros?» —preguntaba hace poco tiempo, en un periódico literario, un cronista de Madrid.

Siempre bien y siempre activa, la Obra. Por ahora son los escandinavos, Ibsen y Bjoernstjerne sobre todo, los que en ella triunfan.

Pero en la próxima temporada los elegidos serán los poetas del Mediodía. D'Annunzio prepara una pieza; Deortal adapta una obra de la reina de Rumania, otro literato escribe un arreglo de una tragedia de Mistral, y Ángel Guimerá, el gran español de Barcelona, nos ha autorizado ya a Austin de Croze y a mí, para que traduzcamos su maravilloso *Mar y cielo*... Todo eso será para la Obra, si Dios y Lugné-Poe lo permiten. ¡Esperemos, pues, en Lugné-Poe y en Dios!

En todo caso, los poetas jóvenes y los autores extranjeros no tienen ahora de qué quejarse. Además de la Obra, además de la Bodinniere, además del Teatro Mundano, que funcionan ya activamente, otra escena les será consagrada en breve y esa escena será nada menos que la actual ópera cómica en la cual el Concejo Municipal se propone establecer un «Teatro de Ensayo.» Pero para eso es necesario que la nueva ópera cómica esté terminada.

***

Así pues, los poetas del mundo latino comenzarán a triunfar ante el público parisiense dentro de pocos meses; y si Apolo es aún más poderoso que las divinidades de Walalá escandinavo, seguirán más tarde su carrera victoriosa en el Teatro de Ensayo, que será un gran teatro.

Por ahora la novedad extranjera es, como siempre, un eco de esa flamante «Tule de las Brumas» que se llama Noruega.

«El escándalo del día, dice un grave corresponsal de *Los debates*, es la violenta querella que acaba de estallar entre Ibsen y Bjoernstjerne Bejorneson. Este último pretende descubrir en el nuevo drama de su ilustre rival algunos ataques malévolos y personales, contra él y su familia. Para vengarse prepara ya una obra teatral que presentará a Ibsen por su lado ridículo, algo parecido a una picota literaria en la cual aparezca el autor de los *Aparecidos* como objeto de público escarnio.»

Un periódico de Berlín anuncia, al mismo tiempo, que los partidarios de Ibsen se preparan a atacar, ya no literariamente, sino materialmente, a los partidarios de Bejorneson, y que los directores de los teatros de Copenhague se han visto en la necesidad de prohibir el uso de bastones y paraguas en el interior de sus establecimientos.

...¡Y todo eso sucede en los patriarcales y serios países del Norte; en los países cuyos habitantes, nutridos de Biblia y de Moral Reformada, nos consideran como hombres inaguantables a causa de nuestras ruidosas y platónicas disputas literarias!

—En mi patria —decíame hace tiempo Strindberg—, no hay enemigos filosóficos: los que se odian intelectualmente, se odian también de un modo personal. Y nuestros odios son más terribles que los de Tartarín de Tarascón.

Tartarín de Tarascón somos nosotros, los herederos del carácter latino.

Enero de 1897

Los poetas del silencio

A Picón Febres

Desde que Paul Bourget aconsejó a los jóvenes dramaturgos parisienses que renunciasen a las grandes situaciones escénicas para consagrarse al estudio minucioso y complicado de la existencia corriente, casi todos los aspirantes a la gloria teatral, vacilando entre la amarga sencillez de Becque y la curiosidad melancólica de Daudet, han trabajado por hacer vivir a sus personajes una vida de intensidad psicológica y realista, desconocida hasta entonces. Trabajando aisladamente, sin seguir reglas ningunas y sin abrigar el menor deseo de parecerse, los nuevos autores dramáticos franceses han llegado a formar, inconscientemente, un grupo compacto de defensores de un mismo ideal. Marcelo Prevost, Paul Hervien, Enrique Lavedan, Mauricio Donnay, Juan Jullien, Francisco de Curel y Augusto Germain, imponen y hacen triunfar (en las mismas tablas en que antes había triunfado Scribe), la comedia verdaderamente moderna, profundamente psicológica, eminentemente impresionista —la comedia que representa un fragmento palpitante de la humanidad; la comedia que es al mismo tiempo drama y tragedia, pero que no grita, que no declama, que no habla en versos de arte mayor y que sin embargo es grandiosa y emocionante.

***

Al lado de ese teatro vencedor, humano y moderno, sigue floreciendo, empero, en un extremo reducido y discreto del gran jardín del arte, un drama de poesía fantástica y de ideal inverosímil, que, siendo más divinamente absurdo que la tra-

gedia caballeresca, nos seduce sin embargo como un cuento
azul que fuese al mismo tiempo un poema.

Este drama es el de Rodenbach y el de Maeterlinck.

***

Con diferencias de detalle y de personalidad, los dos poetas
del teatro nuevo piensan del mismo modo, trabajan de manera idéntica y predican evangelios análogos.

Son los paladines del idealismo puro.

Son también los desterrados de la vida moderna y los
enemigos de su siglo —este siglo que, a pesar de no vestirse
de terciopelo y de no llevar dagas nieladas, es el que más
elementos de interés ofrece, con sus pasiones, sus luchas y
sus vicios, al enamorado de la vida interior y del estudio del
alma—. Unidos por el lazo del mismo ideal, los dos poetas
viven acariciando el mismo paisaje lejano del mismo vago
ensueño...

Nunca, en efecto, en ninguna parte ni en ocasión ninguna,
dos artistas han expresado, casi simultáneamente, ideas tan
semejantes como las que contienen los programas literarios
de estos poetas.

El teatro tal como yo lo concibo —dice Rodenbach— tra-
taría, sobre todo, de crear una atmósfera de soñaciones silenciosas, influiría en la sensación del público más que en sus
ideas y en su sensibilidad más que en su cerebro. Cuando solo
se sueña, se existe tan intensamente como cuando se trabaja.

Y Maeterlinck asegura:

Muchas veces he creído que un anciano recostado en su
butaca, soñando junto a la lámpara, escuchando sin saberlo
la voz de la naturaleza, interpretando el silencio de las puertas y de las ventanas, inmóvil, vive una vida más profunda
que el capitán que gana una batalla.

52

La idea dominante de ambos, es la sublimidad del ensueño vago y silencioso.

***

Mi distinguido compañero Güell y Mercader analizaba hace algunos meses, en una crónica publicada en esta misma revista, la última obra de Maeterlinck.

Superficialmente considerada —decía— cada escena trágica, trae, por decirlo así, su reverso cómico, y este reverso aparece a menudo con tanto relieve que no *se sabe si se trata de una obra seria o de entretenimiento bufo*. El argumento, en su expresión más concreta, consiste en que Aglavaine enviuda de un hermano de Sélysette, y va a pasar unos días al castillo de este último. Allí se enamora de Meleandro, marido de su cuñada. Esta protesta, como es natural, pero Meleandro y Aglavaine la convencen de que amarse dos cuñados es la cosa más natural del mundo y que por no amarse ellos han de querer menos a Sélysette. Esta se aviene, y no solo consiente sino que protege aquellos amores. Pero sea por espíritu de sacrificio o por que sí siente celos que no consiguen disipar las metafísicas de su marido, la pobre Sélysette se suicida arrojándose de lo alto de una torre.

La observación de mi colaborador (como se llama en francés a los compañeros de redacción) es perfectamente justa. Un drama de Maeterlinck, traducido, mal representado y aun mal leído, puede llegar a producir, a causa de la exaltada intensidad de su carácter ideal, un efecto cómico. Pero ésta es una cualidad inherente a todas las encarnaciones del ensueño. El mismo carro de la reina Mab, hace sonreír maliciosamente cuando al describirlo se emplea la palabra coleóptero (perdón, mi querido Rubén) en vez de insecto...

Veamos rápidamente una pieza verdaderamente característica de Maeterlinck: *Peleas y Melisanda*.

Goulaud, el hijo del rey, encuentra en el bosque a Melisanda que llora silenciosamente al borde del estanque —que llora tristemente su corona perdida. ¡Pobre virgen!— y el príncipe, lleno de piedad y de amor, la conduce a su palacio y la hace su esposa. Pero Goulaud comienza ya a ser viejo, mientras su hermano Peleas apenas comienza a ser joven. Peleas y Melisanda se adoran, pero no se lo dicen. ¿Para qué decírselo, puesto que ambos lo adivinan?... Y así se pasa mucho tiempo, en un idilio silencioso en el cual solo las lágrimas y las miradas son elocuentes. Al fin Goulaud descubre la pasión de su esposa y de su hermano, y los mata.

Esta pieza es en efecto la que más típicamente nos muestra el carácter poético de Maeterlinck. Todo en el asunto mismo, es sencillo y natural como una fábula de Molière, y sin embargo su desarrollo llega a producir una obsesión verdaderamente profunda de locura, de misterio y de terror... ¡Pobres amantes!... ¡Sin reflexión y sin conciencia, se echan el uno en brazos del otro, confunden sus almas, mezclan sus alientos, se convierten en un ser único, no diciéndose nunca una palabra clara, como dos animales fantásticos que simbolizaron el eterno poder del deseo y del sentimiento...! ¡Pobres amantes!

...¡Y los paisajes de Maeterlinck!... Pálidos como una pradera de cuadro primitivo, esos paisajes, apenas indicados en las acotaciones y en los escenarios de la pieza son a la lectura, verdaderos cuadros sugestivos, cuya alma se confunde con el alma de los personajes, cuyos matices iluminan todas las escenas con reflejos lejanos, cuyo encanto de leyenda, en fin, forma parte de la obra misma.

Otro elemento de belleza, desconocido en general hasta ahora por los dramaturgos, y del cual hace Maeterlinck un uso verdaderamente sabio, es el silencio. ¿De qué modo explicar lo que esto significa? ¿Cómo hacer comprender la intensidad de esos instantes mudos en los cuales la pálida enamorada, sonriendo apenas y sin abrir los labios, sugiere una emoción sobrenatural con un movimiento rítmico y significativo?

Los que han dicho que *Peleas y Melisanda* podría ser una pantomima, no se han equivocado.

Podría serlo, en efecto. Los ademanes solos bastarían, en ese drama, para hacernos sentir toda la inmensidad trágica del amor supremo.

Más melancólico y más poético que Maeterlinck, Jorge Rodenbach ha expresado de una manera más definitiva aunque menos dramática, la armonía misteriosa del silencio. En su célebre drama *El velo*, todo es silencioso, apagado, casi moribundo, y no obstante todo vive y todo palpita con palpitaciones pasionales y sensitivas.

Para curarle de la cruel enfermedad que le tiene postrado en el lecho, ha venido una religiosa de cierto convento en el cual las esposas del Señor no se cortan los cabellos sino que se los esconden sencillamente bajo las inmensas alas blancas de un velo nupcial. Viéndola siempre a su lado, sintiendo a cada instante el contacto de sus manos inmaculadas, creyendo a veces percibir el perfume sutil de su carne de mártir, el enfermo llega a enamorarse de su enfermera. ¡Oh, ver sus cabellos, tocarlos, respirarlos un instante! Y la pasión casi fetichista va creciendo hasta llegar al delirio... ¡Ver sus cabellos!... Una mañana, de pronto, la religiosa aparece ante él, en un minuto de olvido, con su gran melena suelta y florante. La satisfacción del deseo mata el amor en el alma del enfermo.

El asunto no es nada o casi nada —un simple aforismo a lo más— y sin embargo, la obra es deliciosa, gracias a la atmósfera de fantasmagoría silenciosa que envuelve todas las escenas. Los versos mismos, a pesar de sus rimas perfectas, suenan calladamente, con sonoridades lejanas, con acordes velados, con algo sobrenatural, en fin, y de enigmático, como las baladas moribundas de Verhaerent.

> *Et doucement répond et se plaint a son tour*
> *A travers le silence entier que l'heure apporte,*
> *Et tout a coup se tait, croyant que dans la tour*
> *L'agonie est eteinte et que la cloche est morte.*

Esta vaguedad que produce la sensación de una literatura silenciosa e increíble, no es sencillamente la obra de ciertos temperamentos y de ciertas sensibilidades enfermizas, sino el resultado de una teoría: la teoría del Silencio.

La palabra es grande —dijo Carlyle— pero el silencio es más grande aún.

Maeterlinck expone sus doctrinas en una serie de estudios que terminan así:

¿Qué es el verdadero teatro sino la vida casi inmóvil? En general debe suprimirse aun la acción psicológica, muy superior a la verdadera acción, empero, con objeto de no dejar subsistir sino el interés que inspira la situación del hombre en el universo. Aquí no estamos entre bárbaros y el ser humano no se agita en medio de las pasiones visibles, que no son lo mejor que hay en él. Tenemos tiempo para verle cuando se reposa y sueña. No buscamos un momento de la existencia, sino la existencia misma. Hay mil leyes más poderosas y venerables que las leyes de la pasión; pero esas leyes que son discretas, lentas y silenciosas, no se perciben sino en el crepúsculo y en el recogimiento de las horas tranquilas.

¿Qué piensa usted, mi querido Picón Febres, qué piensa usted de esta teoría del silencio en la literatura, usted que adora la sonoridad clara y completa?

Sin que usted me lo diga, lo sé. Sé que usted considera esta nueva tendencia como un refinamiento de decadentes. Sé que para usted el evangelio de Maeterlinck es una paradoja complicada.

Sé, en fin, que la vaguedad nebulosa de tal estética, repugna a su alma latina; y que, si su cerebro se interesa un momento en el estudio de sus manifestaciones, nunca su verdadera simpatía estará de parte de Rodenbach y de su compañero.

Yo pienso como usted y siento como usted en este caso, porque mi alma es también latina.

Pero ante todo y sobre todo soy un diletante enamorado de muchas cosas y curioso de las demás.

...Y estoy seguro, enteramente seguro de que más de una noche, al salir de los teatros en que han de triunfar las futuras Melisandas y los Velos del porvenir, me sentiré convertido en cuerpo y alma a la religión del arte apagado y melancólico del silencio.

Entonces hablaré a usted nuevamente de todo esto, fijándome menos en las piezas mismas y más en la metafísica que les ha dado vida. Ya usted sabe que uno de los placeres más «literarios», es el de hablar de cosas incomprensibles con los amigos que saben comprender.

El espiritismo de Victorien Sardou

En mi crónica anterior os hablé de muchos teatros, de muchas piezas y de muchos autores. Hoy os hablaré únicamente de un autor y de una pieza...

...De una pieza que hace mucho ruido en todo el mundo, y de un autor que es más popular que el Sultán de Turquía.

Y para que nadie me acuse de exageración, he aquí el título y he aquí el nombre: *Espiritismo* —Victoriano Sardou.

Hace un año que todos la conocíamos y que todos la admirábamos, esa comedia nueva sobre cuyo origen se había escrito en los periódicos de París más de lo que se escribe en Londres desde hace un siglo sobre la cuestión de Oriente. Todos sabíamos que el mago del «teatro divertido», el brujo de la escena interesante, el dueño de los más recónditos secretos para hacer reír, para hacer sonreír y aun para hacer digerir, se había convertido en un espiritista convencido y practicante con objeto de llevar a las tablas los misterios reales de la ciencia oculta...

Lo que nadie sabía es que Sardou, cuyo talento, al fin y al cabo, es más estimable y menos discutible que el del antiguo historiador de Pío IX, iba a imitar la conducta de León Taxil, aprovechando los datos, que se le confiaban de buena fe para revelarlos en un melodrama burlesco que no tiene nada de ese interés apasionado y aun algo fanático que sirve a otras obras para hacerse perdonar sus indiscreciones.

Bien se me alcanza que para la mayor parte de la humanidad el espiritismo (como el ocultismo y como el satanismo), no tiene más interés que el que le prestan los que hablan de sus arcanos en tono de burla; y nunca me han parecido censurables los capítulos en que Wily, Capus, Auriol y los demás «clientes» de Marpon y Flammarion, retratan a los adoradores del misterio con tintes amarillos y verdes. Pero Sardou no está en el caso de estos caricaturistas, ni su obra fue anunciada como los libros de la biblioteca de los «Auteurs Gais.»

Sardou nos había prometido una obra profunda, un diálogo filosófico, un compendio palpable de la Eleusis Espiritista, y lo que nos ha dado...

...Ved lo que nos ha dado:

Un sabio, sencillo y generoso como todos los sabios, está casado con una mujer joven, bonita y ardiente como todas las heroínas de las comedias en que Sarah representa el primer papel. Durante muchos años la mujer bonita vive al lado del sabio viejo sin pensar que el amor pueda ser más profundo que la mirada de su esposo ni más joven que la barba de su Salomón. Pero, de pronto, la novedad de la pasión aparece ante sus ojos en una playa meridional, bajo la forma de un hombre de treinta años cuyo discurso lleno de fuego y de promesas la hacen soñar en el delirio lleno de miel y lleno de fuego del amor que sufre y que goza. Ella es muy tonta. Él también. Dios los cría y las circunstancias los juntan. Y una noche ella hace creer que se marcha a París, y se va a casa de su amante.

Entre tanto el marido —¡oh sabio inocente!— se queda en su gabinete discutiendo sobre el espiritismo con sus amigos. Aquí, según parece, reside el interés científico del drama, por lo cual me tomo la libertad de colocar a mis lectores un extracto de la discusión de los sabios.

—Los charlatanes —dice Parisot— han desacreditado las ciencias misteriosas, y fuera de los charlatanes nadie se ocupa en estudiar y sobre todo en explicar esas cuestiones.

—¡Oh! —responde el doctor Davison— ¡oh! usted no está al corriente... Pero las personas más instruidas y las más autorizadas por su carácter y sus antecedentes, los médicos ingleses como Gully, Elliotson, Lodge; los astrónomos como Challis; los matemáticos como Margan; los naturalistas como Russell Wallace; los ingenieros como Varley, el inventor del condensador eléctrico, los miembros de la Sociedad Real y los profesores de las más exactas ciencias en las universidades de Londres, de Oxford, de Cambridge, de Glasgow, de Dublín, etc., nos hablan a cada instante de fenómenos inexplicables para la ciencia actual. Los más convencidos son precisamente los que no han estudiado el espiritismo sino para demostrar sus absurdos, como William Crookes cuyo ejemplo es típico. Un día sabe Inglaterra que el eminente químico que ha descubierto el «talio» toma la pluma para reducir a la nada las conclusiones de la Sociedad Dialéctica de Londres, la cual había afirmado la realidad de los hechos después de un examen de dieciocho meses.

¡La incredulidad triunfa! Crookes estudia el asunto, como verdadero físico, mediante el empleo de palancas, de poleas y de balanzas, y afirma que todo aquello es verdad; y todavía más, declara que él y sus amigos han obtenido resultados tan extraordinarios como los que se habían propuesto rebatir!

Todas aquellas gentes que le hubieran cubierto de flores en el caso de que hubiese respondido a sus esperanzas, se desbordan contra él y discuten sus experimentos, a los cuales por toda contestación aposta el testimonio de testigos que son sabios como él. Se hace, sin embargo, circular el rumor de que Crookes cambia de parecer y se retracta de todo cuanto ha dicho. Pero en realidad el sabio se mantiene en sus convicciones dando un formal mentís a sus calumniadores y demostrando que era un valiente al desenmascararlos.

—Yo llegaba —asegura Parisot— en el momento en que Napoleón salía. Se llama a Victor Hugo, que responde al llamamiento con igual presteza que si se hubiese evocado a Ruy Bias, y el gran hombre se digna dictar algunos versos. ¡Oh señor! ¡Que no se publiquen...! Y declara que no se encuentra inspirado y se despide prudentemente a la inglesa. Yo entonces manifiesto deseos de cambiar unas cuantas palabras con Homero. ¡Tac, tac! Ya está aquí. En el tono más amable del mundo le dirijo esta frase griega: *Onos eis* (Eres un borrico). Homero cree que le dirijo un cumplido y responde: «¡Toda la Grecia me lo ha dicho!» La concurrencia se extasía y hasta hay quien me dice al oído: «Pregúntele si usted ha vivido ya sobre el planeta.»

—Sí —responde Homero—, y has sido un personaje histórico.

—¡Ah...! ¿Y cuando?

—En tiempo de Luis XIV. ¿Y quién he sido?

—El hombre de la máscara de hierro. En el fondo, la credulidad de usted, señor D'Aubenas, es fabulosa.

D'Aubenas responde:

—Lo mismo que el célebre Thackeray que no fue nunca un inocente, os diré que después de lo que he visto no tengo ningún derecho para dudar.

Mientras los sabios discuten, brilla afuera la llama de un incendio. El tren en que, según D'Aubenas, había partido su mujer, acaba de incendiarse y todos los viajeros han muerto.

—Ella también —piensa el pobre hombre ella también ha desaparecido y de hoy más no podré hablarla sino evocando su espíritu.

Y poco más tarde comienza a magnetizar mesas con objeto de ponerse en comunicación con el alma de su difunta mitad.

Pero hay un primo (que lo es menos que los otros) y que se va derecho a casa del seductor de la esposa del sabio. Allí la encuentra y, después de una filípica fogosa y florida, la persuade de que lo mejor es volver a la vivienda conyugal a pedir perdón a su marido.

En el momento en que la pecadora arrepentida entra en el gabinete de su muy espiritista esposo, éste se ocupa en invocar su sombra; al verla llegar cree que su experiencia se ha logrado, y se extasía de júbilo.

Sin duda, la acción es ingeniosa y Paul Gavault habría hecho de ella un acto muy alegre y muy chistoso. Pero Sardou no nos había ofrecido una simple farsa, sino algo más intenso y menos usado: una obra sincera. —No nos la ha dado.

Paréceme, pues, que tenemos derecho a quejarnos...

Marzo de 1897

Catulle Mendés nos contaba hace pocos días la historia del descubrimiento de la notable actriz que representó en el teatro de la obra a la Salomé de Oscar Wilde.

—Una noche al pasar por los bulevares —decía el autor de *Pantaleia*—, vi en un café a una chica de dieciocho años que llamaba la atención de todo el mundo por la belleza de sus ojos negros y la elegancia de sus gestos hieráticos. Algunas personas que la conocían, y que también me conocían, dijéronme que la chica admirada y admirable era costurera. No importa. Para mí era algo más, puesto que era una belleza y una gracia.

Entré en el café y sin poner cuidado en las personas que me veían, fuime hacia donde ella estaba y le dije: «Señorita, usted es muy linda; yo soy autor dramático; yo tengo ahora una comedia en el teatro del Vaudeville y si usted consiente en desempeñar el papel de la protagonista, creo que ambos conseguiremos un gran éxito.» —Tres días después mi bella desconocida ensayaba; y dos meses más tarde todo París la aplaudía.

Esta leyenda que sin duda ha de parecer un cuento de hadas a muchos de mis lectores, no es, empero, un caso único en la capital de Francia.

Aquí hemos visto, más de una vez, a comediantes extranjeras que después de trabajar unos cuantos meses se han convertido en actrices parisienses y han recitado tragedias de Racine en lo que se suele llamar la casa de Molière. —Aquí hemos visto también algunas duquesas que después de decir en sus palacios un monólogo de Coquelin se han enamorado del teatro y han cambiado sus escudos de armas y sus nombres históricos por una rosa artificial y un apodo poético.

Aquí, en fin, hemos visto algo más extraordinario que todo eso y es el éxito enorme que han alcanzado, últimamente, en las tablas, dos o tres mujeres sin talento ninguno.

¿Conocéis los nombres de Carolina Otero, de Liana de Pougy y de Emiliana d'Alenon? Tal vez no porque hoy los cronistas suelen hablar poco de lo que en otro tiempo hizo la fama de Alberto Wolf y de otros cuantos revisteros que no sabían sino contar las camisas de las favoritas del duque de Morny.

Carolina Otero (sabedlo si no lo sabíais, y si lo sabíais recordadlo) vendió naranjas en Marsella durante algunos años; luego vino a París, enseguida fue a Nueva York y más tarde a San Petersburgo... ¿A qué? Dios, lo sabe... Lo cierto es que hace algún tiempo volvió, con muchos collares de diamantes, a ser una de las mujeres más bonitas de París. En los teatros todo el mundo la señalaba discretamente con el dedo y en los paseos las grandes damas se detenían para verla pasar. Ahora se le acaba de ocurrir a un empresario que por ser española tiene que ser buena bailarina, y allí la tenemos en los teatros de todas las ciudades importantes de Francia, bailando danzas andaluzas «como una rana inglesa.»

Liana de Pougy y Emiliana d'Alenon tienen, como la bella Otero, muchas historias y ninguna historia. Ambas vendieron (o no vendieron...) naranjas en Marsella; ambas se pasearon por todas las grandes calles de Europa y ambas volvieron un día a París con muchos diamantes. Como no eran españolas no bailaron; como sabían leer y escribir, fueron actrices; y hoy se encuentran sus fotografías en los álbumes de celebridades, junto a las de Sarah Bernhardt y Gabriela Rejane.

✳✳✳

Cosa mucho más corriente que la transformación de una gran dama en actriz, es la metamorfosis de una actriz en gran dama.

Su Majestad Leopoldo II de Bélgica podría contarnos la última anécdota sensacional de esta clase; con muchos detalles y mucha gracia.

Yo, por mi parte, no puedo sino decir que cuando Su Majestad se marchó a París hace algunos meses, los abonados de la ópera no volvieron a ver a la divina y delicada Cléo de Mérode, y que ahora los periódicos hablan de ella como de una de las mujeres más elegantes y más lujosas de la capital de Flandes.

* * *

Pero la Metrópoli del Arte no pierde nada al perder una «belleza profesional» como se dice en Londres.

—Que vengan todos los reyes de la tierra y que cada uno se lleve para su teatro dos actrices; que venga el sultán y que puele su palacio con parisienses bonitas; que Menélico II, Emperador de los emperadores, invada a Italia, que de Italia pase a Francia, que de Francia solo se lleve a las mujeres más lindas; que haya, en fin, una peste y tres guerras, y todavía quedarán aquí, en los teatros y en los conciertos, más beldades de lo que se necesita.

Tantas hay, en efecto, que algunas de ellas (de las más bonitas, de las más inteligentes) comienzan ya a comprender que es necesario buscar cosas mejores que el talento o la belleza para llamar la atención.

Hasta hoy solo una, Eugenia Buffet, ha logrado encontrar un atractivo nuevo.

Eugenia Buffet, que para muchos es la primera cantadora ligera del mundo, ha cantado durante varios meses... en las calles... Sí, señores, en las calles, acompañada por dos guita-

67

rristas que pedían limosna al fin de cada canción. Y lo curioso es que cada uno de sus paseos artísticos le producía más de lo que produce al tenor Van Dik un concierto de la Ópera.

✳✳✳

¿Significa algo esta abundancia de actrices? ¿Indican un relajamiento del gusto esos triunfos de mujeres sin talento? ¿Puede extraerse una consideración filosófica o social de todos estos chismes de bastidores? —Yo creo que no. París no es en el fondo, sino un «emporio para la exportación» de cantatrices ligeras y de bailarinas más ligeras aún. La mayor parte de las chicas de que he hablado, no influyen de ningún modo en la vida artística de Francia. Si todas ellas tratan de lucir aquí un momento, es para poder hallar en otra parte un empleo definitivo. Las más dichosas son las que, como Cléo de Mérode, encuentran un empresario real.

Abril de 1896

La pantomima

Para Rufino Blanco Fombona

Así, pues, el teatro idealista, de grandes alientos silenciosos y de soñaciones fantasmagóricas, florece aún en un extremo discreto del gran jardín del arte francés.

> Es un aire grave
> De pausados giros...

Pero ese teatro no es el arte más raro de París. El arte más raro de París —más raro que la poesía simbolista, más raro que la novela ocultista, más raro que la sencillez misma— es el teatro enteramente silencioso, y mudo por completo.

*****

La pantomima ha existido siempre en todos los países del mundo. Los griegos la inventaron, y los romanos la refinaron. En el siglo V antes de Nuestro Señor Jesucristo, un contemporáneo de Aristófanes llamado Sofrón echó de ver que los espectadores no podían o no querían oír sus versos y se decidió a no presentar ante ellos sino escenas mudas explicadas por los coros. Algunos años más tarde Pílades el trágico y Batilo el cómico se disputaron el imperio del mimo en una contienda teatral que duró varios años y de la cual salió vencedor el que sabía hacer reír, ¡oh! ¡buen Batilo!

En el año 45 antes de Jesús, César hizo representar varias pantomimas en su palacio y concedió a Publio Syro el título de «mimo imperial» y a Loberio el de «segundo mimo.»

Entre la pantomima griega y la latina hay grandes diferencias. Los helenos no aceptaban el ademán solo y exigían la glosa coral de la tragedia, mientras que los del Lacio se contentaban con el gesto.

Al fin del Imperio romano el público pedía, sobre todo, desnudeces femeninas, desnudeces de efebos o por lo menos desnudeces masculinas y atléticas.

En la Edad Media la pantomima fue muy discutida. Teodorico, rey de los ostrogodos, envió un día a Clodomiro, rey de los galos, una compañía de mimos como regalo real. Al mismo tiempo, los concilios primitivos y los grandes arzobispos lanzaban los más espantosos anatemas contra «esos actores que, no pudiendo expresar pensamientos trataban de incitar al vicio con sus ademanes pecaminosos.» El prelado de León de Francia asegura en una de sus cartas pastorales que en su época «las damas gastaban más en ir a la pantomima que en ejercer la tercera virtud teologal.»

Todos esos actores, sin embargo, conservaron la máscara griega, hasta que el empresario Noverra, cuyo teatro tuvo gran éxito ante las cortes francesas del siglo XVIII, obligó a sus actores a unir los gestos del rostro a los ademanes de los brazos en la representación silenciosa de las pantomimas.

Los verdaderos predecesores de los «mimos» son Dubureau y Legrand —ambos franceses y parisienses.

* * *

En España y en América la pantomima florece actualmente lo mismo que hace cincuenta años. Es un arte estancado, un arte casi muerto.

...En los circos los caballos han corrido y los perros sabios han leído, seis u ocho personajes aparecen. Polichinela viene adelante con sus jorobas y sus cascabeles —viene corriendo— viene sonando su alegre carcajada sin carácter... Luego el marido viejo con su peluca blanca... Enseguida la joven

70

desposada en traje de novia... Por último la suegra, y el perro y la mesa.

Los ademanes son enormes. El perro se lo come todo, el polichinela se lleva la novia y la suegra recibe los bastonazos que el marido destinaba al raptor...

Esas pantomimas no son escritas por nadie. Son pantomimas que nacen como setas, gracias a la originalidad del primer payaso y de la segunda amazona.

Sin embargo los niños ríen...

****

La pantomima parisiense no hace reír a los niños ni menos aún a las niñas. Las pantomimas parisienses son verdaderos dramas sin palabras, en los cuales el ademán y el gesto hacen comprenderlo todo. El héroe es Pierrot y la protagonista Colombina. Ambos se adoran pero el amor que los atrae y que los une no es nunca un amor sencillo.

...Colombina aparece en traje de baile, descotada; pintada, teñida. A su lado viene el marqués...

Son las doce de la noche... A lo lejos la silueta de Pierrot aparece vestida de frac, corriendo tras su querida... Ya llega... ya se acerca... va a encontrarla... Pero el marqués toma un coche y Pierrot que no lleva un cuarto en el bolsillo, tiene que quedarse boquiabierto solicitando consuelos de Nuestra Señora la Luna.

...Colombina aparece vestida de florista con un cestillo de violetas bajo el brazo, muy linda de rostro, muy delicada de talle... ¡pero tan pobre, tan pobre! los caballeros gordos y calvos o flacos o melenudos que salen del teatro, se ponen los anteojos para verla. «Una flor, señorito, una flor diez céntimos, una perra grande... una flor...» No: los caballeros no quieren esa flor. «Ven conmigo, divina ramilletera, dicen todos, y tendrás caballos y carruajes.» No, no. Ella prefiere tener hambre... Y tiene hambre, mucha hambre... «Ven a cenar, divina ramilletera...» Sí... pero en el mismo instante Pierrot aparece con una pieza de cobre en la mano y compra una flor, todas las flores.

...Colombina está vestida de novia y Pierrot de novio. Van a la Iglesia, van a casarse... A lo lejos, las campanadas repican alegremente. Es el día de las bodas. De pronto —en pleno día— baja la Luna a quejarse del olvido de Pierrot... Baja la Luna. Y Colombina, tristemente, se echa a llorar y sus lágrimas forman un lago en el cual se refleja la imagen de su rival... «Pobre novia» —dice el cortejo. Pero no... la novia es dichosa porque acaba de ver reflejarse en el lago de lágrimas la imagen de Pierrot que llora también en el palacio de la Luna.

...Colombina...

* * *

Mas ¿para qué continuar? Colombina y Pierrot se adoran siempre y a pesar del marqués, y a pesar del hambre, y a pesar de la Luna, se encontrarán siempre para darse uno a otro sus mejores besos.

La pantomima compuesta por las grandes poetas que se llaman Gautier, Richepin, Mendés, Margueritte, Banville, etc., y representada por el genial Severin y por la deliciosa Irma de Montigny, será siempre el triunfo del amor.

Por eso es adorable, la pantomima de París...

Una nueva moda teatral

En otro tiempo los parisienses sabían esperar una semana para conocer los juicios de la crítica teatral. Cada periódico tenía su folletín y cada crítico su público. En el mismísimo diario del gobierno, entre dos decretos y cuatro reglamentos administrativos, aparecía el lunes el célebre «res de-chaussé» de Teófilo Gautier, con gentiles galanterías para las damas jóvenes y con maliciosos consejos para los padres nobles. En los demás periódicos, la hebdomadaria crónica era una institución. La tirada subía el día de Jules Janin, de Armand de Ponmartin o de J. J. Weis. ¿De cuántos millares? me preguntáis ¡Oh ingenuos curiosos!

Hace cincuenta años, una gaceta que vendía una tarde cien ejemplares más que las tardes ordinarias, sentíase llena de orgullo. La gente leía poco, pero leía bien. Lo que decía el periódico era artículo de fe en arte como en política y en literatura como en religión. Cuando Janin recomendaba una comedia, nadie discutía. Un artículo de Gautier bastaba para determinar un fiasco. Y así, los parroquianos de cada folletín esperaban, para comprar sus butacas, que el maestro, después de reflexionar, dijera la palabra decisiva.

Aquélla era la buena época de las diligencias. Pero vino el ferrocarril. El público se tornó impaciente. Una semana parecióle una eternidad. Fue necesario andar más deprisa, detenerse menos, reflexionar con vivacidad, improvisar discursos, adivinar intenciones. Y la crítica, antes dominical, tornóse diaria. Los lectores se acostumbraron a encontrar al día siguiente del estreno, una obra nueva. La tarea pareció tan difícil a muchos espíritus anticuados, que prefirieron abandonar sus cátedras a someterse a la nueva moda. Sarcey y Lemaître no solo protestaron sino que lograron imponerse.

Sus sesudos y graves periódicos, declararon pomposamente que, mientras vivieran, seguirían siendo hebdomadarios y folletinescos a pesar de todos los pesares. Por eso, hoy que ya no existe Sarcey, hoy que ya Lemaître no escribe, hoy como ayer y como siempre, *Le Temps* tiene cada semana su folletín dramático que firma Adolphe Brisson y *Le Journal des Débats* tiene igualmente el suyo, escrito por Emile Faguet. Y la costumbre es tal, que aún en pleno verano, cuando todos los teatros están cerrados, cuando los comediantes andan por las ciudades de aguas curando sus catarros, cuando en París no quedan sino los porteros del Vaudeville y del Gymnase, cuando nadie habla de estrenos, ni de estrellas, ni de bastidores, Faguet y Brisson, cada domingo, dicen su misa solemne de crítica dramática.

Los críticos al día, que reposan en esos meses, se matan durante la temporada. No hay más que tomar uno de los libros que cada año publica Sterling, para contar el número de piezas nuevas que se representan cada año. Es espantosa la fecundidad parisiense. Cada noche hay una primera por lo menos. La gente elegante, que no conoce sino los diez o doce teatros céntricos y que, en cuanto oye decir «Cluny» pregunta: ¿Qué es eso?, no lo nota. ¿Quién, en efecto va a Dejazet, o al Molière o a Trianón, o al Theatre des Arts, o a Moncey, o a L'Epoque o a la Nouvelle Comédie, o a la Comédie Populaire?

Nadie entre los que componen el «tout París», nadie más que los críticos cuya obligación es buscar en los más recónditos lugares la obra nueva, la nueva actriz, el cómico nuevo, el nuevo decorador. Y si a la infinidad de teatros agregáis la eternidad de los espectáculos, veréis que los pobres señores encargados de juzgar las obras de sus contemporáneos tienen necesidad de no dormir durante seis meses para poder cumplir malamente con su deber.

¿Malamente? ¿he dicho?... La palabra no es mía. Es de los críticos mismos. Uno por uno, interrogados por cierto repórter, contestaron sin rubor:

—¿Es posible hacerlo bien teniendo que sujetarnos al método actual que puede llamarse el método al vapor?

Si reflexionáis un momento notaréis que esta respuesta no es nueva. En nuestra época nadie habla ya así. El vapor agoniza. Y naturalmente, con él, la crítica al vapor se muere. Una crítica más rápida comienza a reemplazarla: la crítica eléctrica.

Ya os oigo exclamar:

—¿Pero... qué puede ser más rápido que lo actual? Los artículos, en Madrid como en París y en París como en Roma, se publican al día siguiente del estreno. El crítico sale del teatro a medianoche. Se va a la redacción. Escribe. Y a medida que concluye una cuartilla, el impresor se apodera de ella para componerla. Las repeticiones de palabras que se les escapan aun a los más fáciles escritores, aun a los Gautier, aun a los Jean Lorrain, aun a los Catulle Mendés, las corrige en pruebas, el «prote.» El crítico no puede esperar. Cuando concluye su última frase son las tres de la madrugada. Y así, al día siguiente, al despertarse, aún cansado, y leer su prosa impresa, una triste sonrisa suele crispar sus labios que murmuran palabras amargas y resignadas.

Pues bien, esta estupidez ya no basta. En nuestra época el vértigo de la carrera, la fiebre de ir deprisa, es una enfermedad universal. Los médicos lo han dicho mil veces, refiriéndose a los automovilistas, que son, si hemos de creer al doctor Nacke de Londres «seres fantasmales que viven como en una pesadilla temblorosa.» Pero no solo de los automovilistas puede decirse eso. Todos, en todo lo demás de la vida, llevamos el deseo de la vertiginosidad. En los aparatos fotográficos, los obturadores actuales alcanzan cifras tan infinitesimalmente fantásticas, que no puede uno ni aún creer en ellas.

¿Qué es, en efecto, un segundo dividido en dos mil quinientas partes? Una locura necia tal vez... Tal vez una sabia realidad... Y todo es así, todo es como la realización de un ensueño eléctrico; la gente quiere llegar antes de poner el pie en el estribo. En el mar, los formidables trasatlánticos, luchan, exponiéndose a naufragar, por ganarse una hora, un minuto. En los ríos, ya las hélices de las canoas no se vuelven bajo el agua, sino en el aire, para llegar a los cien kilómetros establecidos en teoría por Santos Dumont. Los aeroplanos llenan de gigantescos aleteos el espacio de las grandes ciudades. Todo es febril, todo es vertiginoso, todo es epiléptico. El público no puede esperar. Y por eso, lo mismo los ferrocarriles de vapor que las críticas del día siguiente, parecen hoy cosas anticuadas.

Gracias al nuevo sistema, ya no es necesario esperar el estreno para saber lo que una comedia es, lo que una tragedia vale, lo que un drama significa. La buena crónica es la que se hace la víspera del ensayo general.

¡Ah! y no creáis que hablo en broma. La «antecrítica» es ya una realidad. El año pasado empezó, modestamente, a hacer algunas apariciones en los diarios más bulevarderos y menos serios. Este año ya se ha convertido en un género corriente y nacional, que, o mucho me equivoco, o pronto será también un género universal. Abrid un periódico, en efecto, y lo veréis. Las «avant premiere» son de todos los diarios. El mismísimo *Temps* no logra escapar a la nueva tiranía. En cuanto una pieza teatral se anuncia como una novedad, es preciso que el gran periódico do reina aún la sombra augusta de Francisque Sarcey adelante su crónica en varios días.

El sistema es ingenioso y fácil. Cuando los carteles señalan la «premiere» para una semana después, el crítico «nouveaujeu» se presenta en casa del autor y le pregunta:

—¿Qué es vuestra obra?... ¿Qué sucede en ella?... ¿Cuál es su argumento? ¿Cómo la interpretan los actores?...

Y el dramaturgo, que hace tres o cuatro años había creído hacerle un flaco servicio a su propia comedia revelando, la víspera del estreno, sus misterios, se apresura ahora a hablar de ella no solo como de una producción conocida, sino también como de una labor ajena. ¡Nada de falsos pudores ni de modestias pasadas de moda! Cada uno se alaba a sí mismo con entusiasmo. Y se necesita ser muy tímido, muy provinciano, para atribuir a la excelencia de los actores el éxito probable de la pieza futura.

¿Queréis un ejemplo de «avant premiere»? Helo aquí fresco e ingenuo, fechado de hoy mismo. El crítico Paul Vallot, del *Figaro*, interroga al dramaturgo Félix Duquesnel sobre la comedia que va a estrenarse pronto en el Vaudeville. El crítico pregunta:

—¿A qué género pertenece *Patachon*?

—No es ni un drama ni un sainete —contesta el dramaturgo—. Es una comedia, nada más que una comedia, una obra de movimiento, de sonrisa y de encanto.

¿Os parece extraño que un autor hable así de su propia labor literaria? A mí también... Pero es porque nosotros no estamos aún al nivel del parisienismo nuevo. Rubén Darío ha dicho aquí mismo que desde que murió Jean Lorrain no hay nadie más parisiense que yo. Algo exagerado debe ser eso, puesto que todavía me asusta esta nueva crítica en que cada uno se elogia a sí mismo y en que todos tratan de darse cuenta de lo que aún no existe...

Diciembre de 1907

Derrota del sombrero de copa

¡El sombrero de copa desaparece, el sombrero de copa se muere, el sombrero de copa agoniza!... Y esta vez ya no son los poetas malhumorados los que lo proclaman, tomando por realidades sus deseos. Esta vez habla la estadística con su lenguaje inatacable de cifras. ¡Si el pobre Oscar Wilde viviese aún, con cuánta alegría hubiera leído los datos comerciales que ahora publican las revistas graves! Porque el gran artista inglés conservó hasta el último día de su existencia atormentada el odio por la chistera que le hizo conquistar en Londres su fama juvenil.

—Mi única obra que ha tenido éxito universal —decíame hace ya más de diez años Wilde, cuando fui a verlo por primera vez a ese mismo departamento del hotel de Capucines en que ahora se hospeda mi amigo don Ángel Estrada (hijo)— mi única obra universal es mi sátira contra el sombrero de copa.

Yo confieso, sin embargo, que de tal obra no conozco sino el título. Pero tengo muy presentes, eso sí, los gestos de repugnancia con que el gran poeta tomaba su chistera y se la ponía.

—No hay despotismo igual al de este armastote —murmuraba— pues odiándolo tenemos que llevarlo sobre nuestras cabezas.

Hoy el despotismo es ya menos terrible. La habilidad de los árbitros de la moda masculina ha descubierto que los sombreros de fieltro flexible, cuando tienen un fondo de seda, pueden llevarse con smoking y que, para visitas que no son de etiqueta, un hongo basta. En cuanto a los chapeos románticos de anchas alas, que ayer estaban reservados a los bohemios, hoy, gracias al ejemplo del rey Eduardo, todos los elegantes los llevan. Los «panamás» triunfan en toda la línea y los sombreros de paja se venden cada día más.

¡Solo las chisteras no se venden!

Esto lo digo yo con entusiasmo, pero los comerciantes lo dicen con tristeza y los sastres lo murmuran con melancolía.

—¡Ya no se venden las chisteras! —exclama un «grand tailleur» ante un repórter que va a interrogarle— pues eso significa, señor, que la época de la distinción ha terminado. Sin sombrero de seda, ninguna levita va bien, ninguna «jaquette» es elegante, ningún gabán sienta... La chistera es el talón de lo correcto. Un pueblo que quiere ser distinguido, debe usar cada día más chisteras.

Por desgracia todos los pueblos hacen lo contrario de lo que el señor «tailleur» desea. El cuadro de las exportaciones lo prueba. En 1889 Francia vendía cada doce meses a los países de Europa siete millones de chisteras, mientras hoy apenas les vende un millón. A la América Latina mandaba en cifras redondas seis millones anuales de «chapeau de sale» en la misma época, y hoy solo manda un millón setecientos mil. Dentro de Francia misma, en fin, el consumo anual que hace tres lustros era de nueve millones de sombreros, ha bajado en 1906 a poco más de tres millones.

—¿Y a qué atribuye usted esta definitiva decadencia? —ha preguntado un redactor del *Temps* al jefe de una delegación obrera.

—A la literatura —ha contestado el sombrerero.

La literatura, en efecto, la literatura y la prensa han matado al monstruo; pero no sin la complicidad de algunos personajes políticos. En París por ejemplo la ruina de la chistera data de aquella tarde memorable en que su majestad el rey de Inglaterra se presentó en la tribuna presidencial del hipódromo de Longchamps con un simple sombrero hongo.

—Ese fue el «golpe de gracia» —exclama la delegación.

Eduardo VII ha realizado, pues, la obra de Oscar Wilde.

***

¡Oscar Wilde! En estas mismas columnas[2] Rubén Darío explicó, hace tiempo, la —belleza de su obra literaria y la miseria de su vida moral. Los ingleses durante años y años, no quisieron recordar sino la vida. Pero hoy una reacción se opera. Los teatros más elegantes dan de nuevo sus comedias; sus libros figuran en las bibliotecas más austeras; sus poemas se recitan en los salones. Y como nosotros no podemos nunca resistir a los «engouments» de fuera, he aquí que un poeta hispanoamericano acaba de traducir al español *El abanico de Lady Windermere* para que Rosario Pino lo represente primero en Madrid y luego en su próximo viaje a América.

La célebre comedia es, literalmente, una obra maestra. En su género, nada, ni en francés, ni en italiano, ni en inglés, se ha hecho mejor. Es una pieza que parece escrita por Maurice Donnay en colaboración con Paul Hervieu. Las sonrisas en efecto, las sonrisas irónicas y las sonrisas tiernas, van en sus diálogos unidas a la más honda preocupación filosófica y moral. Uno de los personajes dice:

—Yo no moralizo nunca. Un hombre que moraliza es por lo común hipócrita y una mujer que moraliza es por lo general fea.

Pero esto es pura coquetería igual a la que hace exclamar a Anatole France:

—¡Yo no sé nada de nada!

En realidad. Oscar Wilde, dramaturgo, es un moralizador a la moderna, un enemigo de las mentiras sociales, un defensor entusiasta de la sinceridad fuerte, un evangelista del perdón de los pecados del alma. Su heroína, la dulce lady

2   El autor parece referirse a *El cojo ilustrado*, revista donde fueron publicadas las crónicas que integran este volumen.

Windermere, contesta a su marido que le habla mal de una dama:

—¡Arturo, Arturo, no hables tan amargamente de ninguna mujer! Yo ya no creo que las gentes deban ser divididas en malas y buenas como en dos razas de especie y de formación distintas. Lo que se llama la mujer buena puede tener instantes de locura, de temeridad, de celos, de pecado. Y las mujeres que se llaman malas, por lo contrario, pueden tener tristezas, arrepentimientos, piedad, espíritu de sacrificio...

Mas no solo en las palabras de la comedia hay lecciones de tolerancia, de dulzura, de suavidad. La acción misma es como una grave máxima escrita en un abanico de raso rosa. Lady Windermere pasa por ser la mujer más austera de Londres. Su marido la adora y la venera. En los salones todos contemplan a la noble pareja con envidia. Pero de pronto un rumor maligno comienza a circular: Lord Windermere tiene amores con una aventurera llamada Erlyne.

—Su marido de usted —le dice un día Darlington— pasa los días enteros con esa mujer y derrocha con ella su fortuna. Es una infamia. Usted debiera vengarse... Usted debiera comprender que yo la adoro a usted y que le consagraría mi vida entera.

La respuesta de Lady es la que debe ser, un «vade retro» indignado. Solo que en su mente la idea de salir de la duda se convierte en obsesión y la obliga a violar el secreto de los papeles de su marido para buscar la prueba de su traición. Rompe un mueble y encuentra un cuaderno de cheques cuyos talones indican las sumas enormes que Lord Windermere ha dado a Erlyne.

El marido entra en el instante mismo en que la mujer indignada hojea el fatal cuaderno.

—¿Te parece mal que te haya sorprendido... no es cierto? —exclama ella.

Él contesta:

—Margarita, no hables así. No hay una palabra de cierto en lo que te han dicho. Yo no he amado ni amo más que a ti.

Esto, naturalmente, nadie lo cree. Y sin embargo es cierto. La célebre Erlyne es nada menos que la madre de Lady Windermere que, habiendo abandonado su hogar cuando su hija tenía apenas seis años, pasa por muerta. Lord Windermere podría decirlo a su mujer. Pero entonces, ¿cómo explicarle la existencia de aquella mujer durante tantos años? ¿Cómo decirle que la madre cuyo recuerdo purísimo adora, no es, en realidad, sino una mujer adúltera que, antes de arrepentirse, ha corrido por el mundo en galante compañía? No; el noble lord prefiere parecer culpable a dar a su adorada esposa tan semejante sorpresa. Y así, habiendo prometido a la pobre madre arrepentida que le permitirá ver a su hija, invita a la que todos creen su querida al baile que su esposa da aquella misma noche.

Al ver entrar en sus propios salones a su rival, Lady Windermere sufre tanto, tanto, que su alma se nubla y su espíritu se ciega. Ya no ve la realidad, ya no ve lo que existe. Lo único que ve es un gran espacio negro en donde todo es escarnio. Y el recuerdo de Darlington que por la mañana le ofreció toda su vida, todo su amor, toda su devoción, aparece en el fondo de sus ideas confusas como la única tabla de salvación. Después de algunas horas de dolor sordo, de humillación horrible, después de ver a su marido bailando con su querida bajo su propio techo, después de tener que estrechar la mano de la odiosa mujer, decídese a partir. Toma una pluma, un papel y escribe a su marido para decirle un eterno adiós. «Me voy con Darlington...» Y deja la carta sobre un velador... Y huye...

Erlyne, que no ha asistido al baile, sino para ver a su hija, toma la carta, la abre y comprende la gravedad del momento.

En el acto corre hacia el palacio de Darlington. Allí encuentra a su hija, que espera el regreso del hombre a quien piensa entregarse para siempre. La escena es terrible o mejor dicho sublime. La madre, sin inmutarse ante los insultos de la que solo ve en ella una rival, logra convencer a su hija de que debe renunciar a su locura, de que debe volver a su hogar.

Entretanto, en el baile de Windermere, casi no se ha notado la ausencia de ambas mujeres. El lord, al fin de la fiesta, cree que una se ha marchado a su casa y la otra a su cama. Entonces, para descansar espiritualmente, acepta la proposición de un amigo que lo invita a hacer una partida de bacará.

—Vamos al club; pero antes pasemos a casa de Darlington, para invitarlo también.

El momento dramático se acerca. Las dos mujeres oyen la voz de Lord Windermere que pregunta en la antesala por su amigo.

—¡Oh! —exclama Lady—. ¡Es la voz de mi marido!... ¡Salvadme!... ¡Es un complot!...

—Silencio —contesta Erlyne— silencio... Yo estoy aquí para salvaros... Salid por esta puerta...

—¿Y vos!...

—¡Oh!... yo... no importa... yo me esconderé tras esta cortina.

Se esconde, en efecto, y los hombres entran y se sientan para esperar a Darlington. De pronto uno de ellos se acerca al diván y encontrando un abanico que Lady Windermere ha olvidado:

—¡Oh! el tenorio de Darlington. Aquí ha estado una mujer... Hasta el perfume se siente...

Lord Windermere reconoce el abanico y loco de celos se echa a registrar la casa. Tras la cortina encuentra a Erlyne. Y la mujer heroica dice:

—Ese abanico yo lo tomé en vuestro baile por distracción... La culpable soy yo... Yo soy la que he venido a ver a Darlington...

Y por eso al día siguiente, cuando Windermere dice a su esposa:

—Erlyne es una mala mujer, yo cometí un error al traerla aquí, a la casa de una mujer buena.

Lady contesta:

—¡No hay mujeres enteramente buenas ni enteramente malas, Arturo!

***

Una dama ilustre en las letras, Lude Delarne-Mardrus, no dice lo mismo. Pero dice algo que también indigna a las mujeres, y es, a saber, que no hay mujer completamente inteligente. Su frase se ha hecho célebre. En las conferencias feministas, las oradoras la comentan con acritud y en las tertulias los académicos y los senadores, que son los únicos que tienen derecho a ser enemigos del «progreso...», exclaman dirigiéndose hacia las damas:

—¡Conque al fin confesáis que no sois sino divinos animales!

La que lo confiesa, en realidad, no es sino la escritora citada. «La femme —escribe— est une bête divine»: Y por mi fe yo no sé sí el alma de la mujer debe sublevarse contra tal ocurrencia. La palabra «divina» suaviza la otra palabra; y cuando uno quiere cristalizar la imagen, no puede menos de ver una efigie ondulante y viva que con su cuerpo de gran felino voluptuoso, con sus garras cubiertas de terciopelo y con su rostro impasible, domina al mundo.

Yo recuerdo justamente que hace tiempo, cuando Lude Delarne-Mardrus no había hablado aún, una de las más lindas damas parisienses, la esposa de Víctor Margueritte, me decía:

—Si los congresos continúan pidiendo reformas ridículas, las mujeres que no son feas y que no tienen empeño en parecerlo, van a tener que fundar una liga para la defensa de la coquetería, como existe ya una liga para la defensa de los monumentos históricos.

Ante tales palabras, no pude menos que sonreír, convencido de que jamás las damas bonitas, y aun las no bonitas, habían tenido menos que ahora necesidad de que sus derechos estéticos fuesen protegidos. Pero hoy comienzo a preguntarme si la esposa de mi ilustre amigo no tenía algo de razón, y si la influencia de madame Jeanne Dieulafoy, que se viste de hombre, no es ya funesta. Comienzo a preguntármelo, porque veo que la misma Lude Delarne-Mardrus cree necesario hacer, en un diario popularísimo, una campaña en favor de las faldas y de las cabelleras. «Vestida con pantalones, como los hombres —dice— la mujer no es sino un ser menudo, lastimoso y risible.» Yo creo lo mismo. Y creo también que las faldas, la ondulante falda femenina, la falda contra la cual peroran las señoras de los congresos feministas, es el más admirable adorno de la mujer. ¡Cuánto misterio y cuánto ritmo, cuánta gracia y cuánta discreción en ese simple envoltorio de telas suaves! Lo que los mantos antiguos tenían de majestuoso en sus pliegues impecables, la falda lo conserva. Y la falda tiene, al propio tiempo, el velo vaporoso de las alas, el rumor delicado de las brisas, la armonía eterna de las curvas. El diablo mismo perdería mucho, si la discreta falda fuera un día reemplazada por el picaresco pantalón, pues no hay nada que indique las líneas de un cuerpo joven como ese velo hermético que parece ocultarlas.

Mayo de 1907

Un hombre a la moda

El hombre del día es Artón. Mis lectores deben acordarse de él, pues durante los tres últimos meses del célebre proceso de Panamá, el cable anunciaba diariamente al mundo entero que la justicia francesa esperaba encontrar mil documentos terribles «en la maleta de Artón.» Y así, la tal maleta adquirió una fama universal, no solo por lo que contenía sino por escapar a todos los *argousins* franceses, *policemens* ingleses y *detectives* americanos.

***

Durante tres años el paradero de Artón y de sus papeles fue un misterio lleno de contradicciones. De tarde en tarde un despacho de Turquía, o de Rusia, anunciaba a la prefectura de París que Artón había sido visto, en tal o tal ciudad; pero los agentes no llegaban al sitio indicado, sino cuando la maleta ya no estaba allí. Un inspector de la Seguridad Pública aseguraba, sin embargo, a los periodistas, que el gobierno sabía perfectamente en dónde se escondía el «inencontrable» y que cuando el ministro de la Justicia quisiese prenderle, nada le sería tan fácil. Los diarios de oposición decían: «misterio» y los diarios conservadores: «calumnia.»

Lo cierto es que, una semana después de haber vuelto al ministerio Mr. Ricard, organizador del gran proceso de Panamá, Artón y su maleta han caído en poder de la policía inglesa.

El proceso que los tribunales del Sena instruirán cuando los jueces de Londres hayan terminado el protocolo de extradición, nos probará si en realidad los papeles tan populares de la tan ilustre maleta valen lo que cuestan.

Porque en Francia todo lo que es abogados y policía, cuesta una fortuna.

¿Os acordáis de las *Ilusiones perdidas* de Balzac y de la ruina del inventor? Luciano de Rubempré había girado por tres mil francos contra su familia. Cuando las letras llegaron de París, su hermano no pudo pagarlas y las devolvió; Luciano tampoco pudo hacer lo que en términos jurídicos de la época se llamaba «rescate de la protesta»; los papeles, pues, regresan a Angulema pero ya no dirigidos a la familia de Rubempré sino a un notario; el notario los pasa al juez; el juez los envía al procurador; el procurador los manda al abogado, el abogado los guarda largo tiempo... Y así cuando un año más tarde Luciano llega a ser el favorito de don Carlos Herrera, y desea pagar, sus letras se han convertido en una deuda de quince mil francos.

Para dar caza a la valija de Artón, la policía ha hecho algo por el estilo. Al principio «el inencontrable» ofreció a Mr. Dupas, inspector de la Seguridad Pública, que si alguien quería prestarle cien mil francos, tres días después se presentaba a las autoridades de París. El prefecto, como es natural, no pensó un solo instante en dar un cuarto. Pero comenzó a despachar agentes a Londres, a Roma, a Berlín, a Cristanía, a Estocolmo, a Constantinopla, a Nueva York, etc.; de modo que hace ocho días, cuando Artón cayó entre las manos de sus perseguidores, el Estado francés había ya gastado más de cien mil francos en viajes y procesos.

Ahora bien, ¿valdrán tanto dinero los papeles de la maleta? Quizás no.

Mas Artón, como tipo novelesco de intrigante sin escrúpulos y de banquero sin conciencia, vale mucho más. Vale tanto como Vautrin y parece un héroe de la *Comedia Humana*.

***

Durante los primeros años de su vida comercial, visitó varios países de la América del Sur. En Río de Janeiro fue durante largo tiempo el empleado más listo de los bancos que tenían poco dinero y muchos negocios.

Cuando tuvo algún dinero, volvió a Francia, en donde había dejado muchas deudas, y se propuso rivalizar con los grandes servidores parisienses.

«Ante todo —se dijo— es necesario pagar lo que se debe.»

Y la primera noche de su estancia en la gran ciudad, fue a comer a un restaurant del bulevar.

Al fin de la comida, el mozo le presentó la cuenta; diecisiete francos.

—¿Diecisiete francos —exclamó Artón— diecisiete francos?... no es posible. Mi cuenta debe de ser mayor... Déme usted mi cuenta completa.

El mozo, espantado de ver a un caballero que deseaba pagar más de lo que debía, fue a buscar al mayordomo.

...El cual mayordomo para dar gusto a su cliente vino diciéndole que en efecto, la cuenta no era diecisiete sino de veintisiete francos.

—Usted también se equivoca —respondióle Artón— yo debo cuatro mil diecisiete francos.

—El señor se burla de nosotros.

—No; llámeme usted al propietario.

El propietario llega.

—¿No me conoce usted? —le pregunta Artón.

—No.

—Sí.

—No señor.

—Sí señor, yo me llamo Artón y debo a usted cuatro mil francos desde hace quince años. Tome usted.

Y al mismo tiempo puso sobre la mesa cinco billetes de mil francos.

Cuando el mozo le trajo los novecientos veinte francos de la vuelta, el gran señor estaba ya en la puerta y decía:

—Eso guárdeselo, usted, mozo, como propina.

***

Al cabo de dos o tres años de vida parisiense, la fortuna brasileña de Artón, se agotó por completo.

Pero no importa. Esos treinta o cuarenta meses de lujo, habían bastado al hombre hábil y enérgico, para hacerse uno de los empleados indispensables de la Compañía de la Dinamita.

Monsieur de Lesseps tuvo un día necesidad de banqueros para conseguir que la opinión pública y la opinión de los diputados fuese propicia a sus proyectos. Sus amigos le indicaron tres personas: el barón de Reinach, que se suicidó al iniciarse el proceso; Cornelio Hertz, que en estos momentos agoniza en un puerto del extranjero, y Artón.

Este último fue quien tuvo a su cargo la parte más peligrosa del asunto, pues no solo estuvo encargado de comprar «almas perdidas de periodistas influyentes», sino que también fue el embajador de los millones en el parlamento.

¿Que un representante del pueblo creía que el canal de Panamá arruinaría a los suscriptores del empréstito? Pues allí estaba Artón con su libro de cheques «para convencerle por completo, por medio de trescientos mil francos.»

«Si yo fuese profeta de una religión —decía una noche de borrachera el amigo de Lesseps— me transformaría, como Júpiter, en lluvia de oro.»

¡No hay nada tan bello como la lluvia de oro!

***

La lluvia de oro de Panamá terminó al fin y los negocios de la dinamita no formaron sino un riachuelo de plata, en el cual un parisiense lujoso podía apenas nadar burguesamente.

Artón se propuso, una noche, poner diques al riachuelo. Al día siguiente faltaban tres millones de francos en las cajas de la compañía de fabricantes de explosivos.

Dos semanas después los inspectores de la Seguridad encargados de sorprender al ladrón en su lecho, no encontraban en la lujosa vivienda de la rue Godot, sino a una de las más bonitas actrices de París, que buscaba tal vez, sus joyas perdidas.

Y durante más de dos años nadie volvió a saber ni del domicilio ni del modo de vivir de Su Majestad el rey de los intrigantes.

***

Hoy que la policía francesa le obliga a ser de nuevo, y a pesar suyo, el hombre a la moda de París, los periódicos europeos tratan de averiguar lo que ha descubierto «durante el destierro.»

En estos últimos meses había hecho una invención industrial que le permitía vivir lujosamente, en Londres, con el seudónimo de Neuman. Había descubierto una nueva manera de hacer paquetes de té...

Su mejor elogio son las siguientes palabras de un vendedor de comestibles de la capital del Reino Unido.

«Mr. Neuman —dice el pobre hortera inglés— era un hombre de genio; aquí venía todos los días, a mi tienda, en su carruaje, y sin que yo pudiese defenderme, me hacía comprarle té y me obligaba a poner en mis vidrieras los anuncios que le interesaban. En menos de dos meses logró que todos los de mi gremio abandonásemos a nuestros antiguos proveedores para abastecernos en su casa... era un hombre de genio.»

Y en efecto era un hombre de genio que merecía el título de Gran Canciller de la Orden de los Caballeros de Industria.

1 de diciembre de 1896

Un proceso curioso

Me parece haber dicho en una de mis últimas crónicas que el proceso de Artón sería la causa más curiosa que los tribunales franceses podrían juzgar este año.

Confieso, sin embargo, que me equivocaba. El proceso más curioso de este año es el que Mr. Clunet intentó hace pocos días, en nombre de una devota provinciana, a cierta revista parisiense cuyos redactores son herejes y hechiceros.

¿Un proceso de fantasía como el de Wislero contra Ruskin o una de esas locuras que solo pudieran ser tomadas en serio por la santa inquisición?

No. El proceso de Mr. Clunet es algo más grave y más triste: es un proceso que nos hace ver que los cuadros diabólicos de ciertos libros de Huysmans, de Thierry y de Bois, son tan realistas en el terreno de la vida misteriosa, como las novelas de Zola y de Daudet en el campo de la existencia vulgar.

Los jueces del Sena nos han probado, con sus interrogatorios pasionales, que en París hay personas que celebran la «misa negra» según los antiguos ritos del canónigo Guibourg, y de madama de Montespan; que en París hay muchas histéricas del gran mundo que creen en el poder de las larvas, que invocan a los súcubos y que sueñan en los íncubos; que París produce degenerados capaces de dejarse sangrar para que los cálices del culto maldito no carezcan nunca de sangre fresca; que París, en fin, encierra una multitud de enfermos consagrados al consumo de las hostias santas.

Oíd lo que dice el testigo del gran proceso:

«Hace poco tiempo fui a comulgar a la Magdalena; junto a mí había una mujer que después de recibir la hostia la escupió en un pañuelo y se marchó precipitadamente sin esperar el final de los oficios. Yo se lo dije todo al sacerdote, quien me respondió que esos sacrilegios eran, por desgracia, muy frecuentes.»

∗

Con motivo de este proceso, Jules Boid, el ilustre autor de *Las religiones de París* y de *La eterna muñeca*, ha escrito un estudio para defender el satanismo contra las acusaciones de la prensa.

«Ante todo —dice— es necesario establecer la diferencia que hay entre el "luciferianismo" y el "satanismo". El culto de Lucifer es una rebelión contra el sentimiento de humildad que inspiran las grandes religiones; es el culto de la lucha egoísta, sensual e instintiva. Por eso es una religión odiosa.

»El satanismo, al contrario, es una religión supersticiosa, de católicos desequilibrados y algo así como la falsificación sacrílega del culto cristiano. Los cristianos celebran la misa por la mañana, los satanistas por la noche; los cristianos ponen un cristo de pie, los satanistas lo ponen de cabeza. A veces los satanistas han logrado robar llaves de templos y decir sus misas nocturnas en un verdadero altar católico. Los satanistas, pues, valen infinitamente más que los luciferianos.»

Jules Bois debe de tener razón; pero lo cierto es que la Iglesia de Francia no hace diferencias sutiles y empieza ya a preocuparse seriamente de los robos de hostias en los tabernáculos de las grandes ciudades.

Así, el arzobispo de Lyon acaba de ordenar a todos los curas de su diócesis, que conviertan sus cajas sagradas en verdaderos «coffres-forts.»

Esperemos que el proceso de París y las medidas de seguridad de Lyon, servirán a evitar, por lo menos durante algún tiempo, esos robos sacrílegos que son considerados en el extranjero como crímenes esencialmente franceses.

Le Journal ha comenzado al fin la publicación, tan anunciada y tan esperada, de la *Roma* de Emile Zola. Hasta hoy quince o veinte páginas han aparecido, por lo cual sería imposible emitir juicio ninguno sobre el mérito de la obra en general.

No obstante, a mí se me antoja que *Roma* será superior, infinitamente superior a *Lourdes*.

¿Os acordáis de los primeros cuadros de la novela *Bernadette*? La escena comenzaba en un tren de ferrocarril; el gran cortejo de desamparados iba hacia la fuente mística, moviéndose pesadamente, tristemente, dolorosamente; el conjunto llegaba a producir una impresión idéntica a la que se experimenta al contemplar ciertos grabados grises y palpitantes del gran Stenlein.

Roma comienza también en ferrocarril, uno de esos ferrocarriles de Italia que llevan siempre cuatro horas de atraso y que andan como un fiacre, pero que dejan ver, a través de sus ventanillas, ese paisaje maravilloso hecho de Sol y de verdura que es la gloria verdadera del mundo latino.

Además Zola parece abandonar en esta su última novela, mucho de su antigua pesadez robusta y desesperante. El personaje principal de *Roma* visita la ciudad eterna en poco tiempo; las descripciones mortales de naturaleza muerta, van reduciéndose a líneas esenciales y gráficas.

¡Ah, las antiguas descripciones de Zola!

—Cuando me acuerdo de aquel famoso carruaje de *La ralea* que comienza a ser enganchado en la segunda página y que en la trigésima apenas va por la mitad, me siento tentado de renegar de mi admiración por el maestro de Medán. Gracias a Dios el recuerdo de algunos capítulos de *Naná* y *Germinal* ha estado siempre en la memoria para impedir que se apagase en mi alma el fuego sagrado de la admiración.

Pero por magistrales que sean los primeros capítulos del nuevo libro de Zola, los folletines del *Journal* no tienen hoy el éxito de prensa que tuvieron siempre los diarios de París en cuyos pisos bajos aparecían las páginas de *Germinal*, *L'Assommoir*, *Lourdes*, etc. Hoy la atención pública está casi absolutamente absorbida por las noticias relativas al conflicto anglo-venezolano.

Digamos, pues, algunas palabras de este escabroso asunto, no desde el punto de vista de la política (punto de vista que ni al *Cojo ilustrado*[3] ni a mí nos conviene) sino de una manera sentimental y literaria.

Mis lectores deben ya de saber que algunos periodistas parisienses opinan que Francia debiera prestar su apoyo a Inglaterra para prevenir, de antemano, los conflictos que sus diferencias territoriales podrían acarrearle el día en que la América toda se sintiese unida y fuerte. Según parece, este camino sería el más sensato. No obstante, la gran masa de escritores franceses que sienten libremente y que hablan como sienten, han rechazado desde luego tal proyecto, y muestran todos los días su cariño profundo y sincero por la causa americana. Es porque Francia ha sido siempre el pueblo noble y sentimental; y es también y sobre todo, porque los franceses ven en Venezuela un país de raza latina, un país hermano, un país que sabe sacrificarse cuando es necesario, un país, en fin, que intelectualmente es hijo de los enciclopedistas y políticamente hijo de la Revolución.

A este propósito me tomaré la libertad de repetir lo que el cantor de *Apolodoro* nos dijo una noche a los postres de un banquete francoamericano:

«La América Latina, Italia, España y Francia son fragmentos dispersos de una misma raza y de una alma compacta:

3   Revista en la que fueron publicadas estas crónicas.

el alma de Grecia y la raza de Roma. Luis XIV suprimió los Pirineos; Napoleón suprimió los Andes; la literatura y el pensamiento suprimirán al fin el Atlántico. Y a pesar de las fronteras que nos separan y de las lenguas que nos ponen diques, nuestras letras y nuestra filosofía (que irán siendo cada vez más latinas) nos unirán. También el Sol que baña con ardor nuestras tierras, nos unirá. El verdadero límite de nuestras inteligencias y de nuestros caracteres, no comenzará nunca sino en donde acaba la luz y en donde reina la bruma.»

16 de diciembre de 1896

El público ruso

«La Rusia actual con sus grandes poetas, sus grandes novelistas y su inmenso público, es quizás el único pueblo del mundo que puede literariamente vivir dentro de sus fronteras sin pensar en traductores y traducciones.»

Desde que un periodista francés escribió las líneas anteriores no han transcurrido aún diez años y sin embargo la opinión de París ha variado casi por completo en lo que a la vida intelectual del imperio moscovita se refiere. Hoy todos estamos seguros de que ni los grandes autores rusos podrían tener un público numeroso sin ser traducidos, ni el público ruso tendría bibliotecas completas si renunciase a las traducciones. La estadística nos ha probado al fin, con la sequedad elocuente y gráfica de sus cifras, que ningún país de la tierra está tan atrasado en asuntos de instrucción pública, como la patria de Gogol. Por una persona que allá sabe leer, hay treinta que no conocen ni aun el valor material de las letras. Las escuelas, las bibliotecas y las librerías, son menos numerosas que en las repúblicas sudafricanas. Hace algunos lustros las únicas ciudades que poseían una sala de lectura eran San Petersburgo, Moscú y Odesa. En 1887, una región del país dos veces mayor que toda la Europa de Occidente, no contaba sino con seis librerías y, lo que es más raro aún, en todo el gobierno de Olonetz no había sino una hortera que vendía libros impresos. Así, no es de extrañarse que los autores de esas obras maestras que se llaman *Crimen y castigo*, *La guerra y la paz*, *Los relatos de un cazador*, etc., se hayan visto reducidos, según lo asegura Rambaud, a no vender ni mil ejemplares de cada una de sus novelas en el texto original, mientras sus traductores llegaban a hacer, en Francia y en Alemania, veinte o treinta ediciones de las mismas novelas.

***

Pero si los Tolstoi y los Turguenev fueron siempre desgraciados, el público que en Rusia lee no lo es menos. Los que compran libros son pocos; los que escriben son pocos también. Un hombre que fuese literariamente patriota en San Petersburgo y que tuviese sed de instrucción, tendría necesidad de contentarse con cien o doscientos volúmenes dignos de ser leídos. Los demás, los que no creen como Cañete que un español o un ruso solo debe leer los libros escritos por sus compatriotas, se nutren, intelectualmente, de obras francesas, inglesas y alemanas. Según Roubaquine, los autores más leídos en Rusia son Julio Verne y Emilio Zola. Luego vienen, por orden de popularidad, Ponson du Terrail, Javier de Montepin, Alejandro Dumas, Fenimore Cooper, Carlos Dickens y Walter Scott.

***

En cuanto a la prensa, Rusia es el último país del mundo.

«En todos los países —dice Rambaud— lo que más circula son los periódicos; pero los dominios del Tzar poseen muy pocos, tan pocos que según los datos oficiales son veinte veces menos numerosos que en Alemania y cinco veces menos que en Francia.» En España misma, que relativamente es uno de los países que menos publicaciones hacen, hay sesenta y ocho periódicos por cada millón de habitantes, mientras en Rusia solo hay nueve. Eso sin contar con que los diarios más populares de San Petersburgo no tiran nunca más de diez o doce mil ejemplares...

* * *

Al mismo tiempo que Roubaquine y Rambaud publican en París las estadísticas lamentables que acabo de resumir, aparecían en Moscú algunas cartas privadas de uno de esos escritores rusos que no siendo sino tres o cuatro, hacen del inmenso imperio septentrional una de las naciones literarias que más han influido en el desarrollo literario del mundo moderno. Esas cartas, descubiertas por Nicolás Golbery y Leon Parsons, nos trazan en pocas líneas la historia desolada del autor de *La casa de los muertos*.

En su juventud Dostoievski formó parte del célebre club de fourieristas rusos, cuyos miembros fueron condenados a muerte en 1849.

«Hoy 22 de diciembre —dice el célebre escritor en la primera carta dirigida a su hermano— fuimos conducidos a la plaza Semenoff en donde el verdugo nos leyó nuestra sentencia de muerte.

»Luego se nos dio permiso para besar la cruz. La toilette de los ajusticiados duró un instante, después del cual los tres que debían ser fusilados primero fueron atados contra los árboles. El capitán comenzó la maniobra. Yo era el tercero de la segunda serie, y no tenía sino un minuto de vida. Durante ese minuto, hermano mío, pensé en ti y comprendí lo mucho que te quería. Mis dos compañeros me abrazaron. El tambor sonó la orden suprema: uno, dos... de pronto, a lo lejos un pañuelo blanco, agitado por un oficial a caballo... un silencio terrible... la gracia del Emperador que cambiaba nuestra condena capital por la prisión perpetua en Siberia.»

En otra carta, de la cual solo se conoce un fragmento, Dostoievski, dice: «Cuando estábamos en el patíbulo esperando la muerte, no teníamos remordimiento ninguno. En esos segundos, registrando el fondo de nuestra conciencia, todos nos arrepentimos de mil faltas cometidas durante nuestra vida; pero de la acción que nos llevaba a la muerte, ninguno, no, ninguno se arrepentía. Nuestro crimen era santo, era un crimen de ideas, de convicciones, de honradez, que en vez de parecernos digno de castigo, nos purificaba ante nuestros propios ojos.» Estas palabras, escritas al principio de su larga cautividad, revelan aún el corazón ardiente y la fe robusta del apóstol joven. Durante los primeros meses, Dostoievski no se queja; la prisión; los trabajos forzados, todas las miserias físicas del esclavo de Siberia, le parecen soportables teniendo una pluma y pudiendo escribir durante algunas horas diarias.

Luego su voluntad flaquea. Los años de cautiverio transcurren con lentitud trágica, debilitando sus fibras enérgicas. Sus hermanos le aconsejan que pida perdón, que reniegue de su antigua filosofía, que se humille ante el César. Pero él sigue resistiendo con orgullo, con valor heroico; sigue resistiendo durante diez años, durante quince años, hasta que al fin, no pudiendo más, envejecido, enfermo, sin fuerzas materiales y sin voluntad sana, se pone de hinojos y escribe al Emperador la célebre carta que termina así: «Majestad: tú eres como Sol que ilumina a los justos y a los injustos; tú has hecho ya la felicidad de muchos millones de esclavos. Haz aún un hombre feliz de este enfermo cuyo castigo dura siempre y que está dispuesto a dar toda su vida por servirte!»

¡Pobre gran poeta! ¡Nadie, teniendo una naturaleza delicada y nerviosa de artista, hubiera soportado con igual valor tres lustros de sufrimientos y de humillaciones: nadie, habiendo llegado a convencerse de que sus ideas de juventud eran vanas ilusiones de visionario exaltado, hubiese seguido en el cautiverio por no renegar de sus amigos! Y sin embargo, cuando ya envejecido salió de la cárcel, todos le acusaron de traición.

También sobre Turguenev acaban de publicarse algunos estudios que pueden servir para rectificar muchas de nuestras ideas sobre el novelista de los *Relatos de un cazador.*

Generalmente se cree que Turguenev había olvidado por completo sus blancas estepas natales para convertirse en un parisiense verdadero. «El único de mis amigos nacidos fuera de París y que nunca siente nostalgias en el bulevar —decía Flaubert a Jorge Sand— es nuestro buen Iván.» Las cartas que Ivanov acaba de descubrir en Moscú, sin embargo, podrían probar lo contrario. El ilustre cosaco afrancesado, lo mismo que todos los hombres del Norte, sentíase a veces mal en la metrópoli del mundo latino.

Sus amigos mismos, los Goncourt y Daudet, no le eran, en el fondo, tan queridos como él lo hacía creer en los banquetes presididos por el autor de *Salambó.* La ironía que flota en el aire de la nueva Atenas, desconcertaba muy a menudo su gravedad septentrional. La vida ligera que llena de sonrisas discretas el espacio comprendido entre la Magdalena y la puerta San Martín, no presentó generalmente ante su vista sino el aspecto de la frivolidad y del vicio. Lo único que le retenía en Francia, era el deseo de vivir libremente.

«La verdadera patria de un hombre —dice una de sus cartas— es la democracia.» Lo que no le impide exclamar más tarde, en un párrafo sobre los demagogos de la Comuna: «En ese partido rojo al cual yo pertenezco, todos son charlatanes, perezosos e inútiles.»

En cuanto a la literatura francesa de su época —esa literatura que produjo las obras maestras de Victor Hugo, de Flaubert, de Goncourt, de Zola, de Daudet, etc.—, he aquí su opinión malhumorada:

«Gluck decía que ciertas óperas tienen olor de música. Hoy todos los libros tienen olor de retórica; en todos ellos se ve la habilidad y la convención. El prurito literario y la habladuría del egoísmo que se estudia y se admira a sí mismo, son los defectos de nuestra época.» Goncourt ha explicado las causas de esta antipatía en una página de sus memorias sobre la imposibilidad en que los hombres del Norte están siempre de comprender la gracia delicada de las modernas literaturas latinas y especialmente de la literatura francesa contemporánea.

Octubre de 1896

Traductores traditores

Lo mismo que en los tiempos en que don Joseph Gómez Hermosilla ponía en versos castellanos los poemas homéricos, discútese hoy sobre la mayor o menor conveniencia de traducir a los poetas en versos. En Francia, país de intensa cultura artística, todos creen (con excepción de dos o tres profesores atrasados) que trasladar los versos de una lengua a versos de otra lengua es convertir el oficio de traductor en obra de traidor. Las estrofas, en efecto, nacen en su forma armoniosa gracias al genio musical de cada idioma, y tratar de pasarlas de un ritmo a otro ritmo es deformarlas. Pero en España la rutina por una parte y por otra la facilidad de versificar, han perpetuado la costumbre de no traducir los poetas sino en lengua poética. En estos mismos días han aparecido varias traducciones, entre las cuales llama la atención la que el notable escritor Marquina ha hecho de las *Flores del mal* de Baudelaire, y que dentro del género, me parece lo más perfecto que hasta hoy se ha visto. Yo he leído el tomo entero con paciente curiosidad. He admirado la riqueza verbal del traductor. He admirado también la escrupulosa literalidad de la traducción. Pero, por más buena voluntad que he puesto en mi lectura, no he conseguido sentir la sensación de fuerte, de dolorosa, de cruel poesía que palpita en todas las páginas del original. Y no me digáis que esta sensación no se experimenta nunca a través de una versión.

Aquí tengo los poemas de Edgar Poe, traducidos en prosa por Mallarmé y al leerlos toda la poesía del gran yanqui angustia mi alma. El mismo Baudelaire, al traducir *El cuervo*, tuvo un instante la idea de hacerlo en verso. En una de sus cartas publicadas últimamente dice que le habría gustado ensayar en francés el «raro ritmo del poema inglés.» Y luego agrega: «Solo que no debe nunca bromearse con estas cosas.» Es lástima que mi amigo Marquina no haya leído esta carta antes de emprender su trabajo, pues de seguro habría comprendido lo poco grato que debe ser a los manes del gran poeta doloroso ver sus divinos poemas trasladados a versos que no son sino un pálido reflejo del original.

* * *

Más «avisé» me parece en este punto don Manuel Machado, cuyo elogio ha sido hecho por Rubén Darío. Un editor ofreció efectivamente a Machado una suma importante por la traducción de las poesías de Verlaine.

—Muy bien —contestó el poeta madrileño—; con amor traduciré las obras de mi maestro; pero en prosa, en prosa y literalmente.

El editor, que hubiera preferido una versión en verso, tuvo que aceptar, murmurando:

—Hágalo como quiera, mas no olvide que otros lo harán en verso.

Es cierto. En cuanto se anunció el trabajo de Machado, otro escritor de grandísimo talento, el señor Díez Canedo, publicó, queriendo sin duda hacer ver que el artista lo puede todo, una serie de traducciones en verso de poemas de Verlaine. Lo malo para él es que su labor, por hábil que pueda parecer desde el punto de vista retórico, sirve más bien para dar razón a Machado.

He aquí una de las poesías vertidas al castellano por Díez Canedo:

Llanto en mi corazón
Y lluvia en la ciudad
¿Qué lánguida emoción
Me rompe el corazón?

¡Dulce canción de paz
La de la lluvia mansa
Para el dolor tenaz
¡Oh! qué canción de paz!

¿Qué motiva el sufrir
Del corazón hastiado
Si no le vino a herir
Traición, ¿por qué sufrir?

¡Y el más grave dolor
Es ignorar por qué,
Sin odio y sin amor
Lleno está de dolor!

Ahora bien, vosotros, los que amáis a Verlaine como se ama a un padre sentimental, ¿decidme si reconocéis siquiera el canto original? Yo confieso que sabiendo de memoria casi todas las *Romanzas sin palabras*, he tenido que hacer un esfuerzo para adivinar que se trata de la divina poesía que reza:

Il pleure dans mon coeur
Comme il pleut sur la ville
Quelle est cette langueur
Qui pénètre mon coeur?

O bruit doux de la pluie
Par terre et sur les toits
Pour un coeur qui s'ennuie
O le chant de la pluie!

Il pleure sans raison

Dans ce coeur qui s'ecoeure
Quoi! nulle trahison?
Ce deuil est sans raison.

C'est bien le pire peine
De ne savoir pourquoi
Sans amour et sans haine
Mon coeur a tant de peine.

Y lo curioso es que cualquiera de las traducciones en prosa literal que han hecho los comentadores de Verlaine, da, de estas estrofas lánguidas y penetrantes, una idea bastante perfecta. Porque Verlaine, como lo dice muy bien Machado, es un poeta que no requiere de sus traductores sino una gran sencillez.

Así, por ejemplo, he aquí literalmente traducido en prosa sin artificio un soneto célebre de *Jadis et Naguere*:

«Soy el Imperio al fin de la decadencia —Que ve pasar a los grandes Bárbaros blancos —Componiendo acrósticos indolentes —En un estilo de oro en que la languidez del Sol cabrillea —El alma solita sufre en su corazón un fastidio denso. —Allá lejos dicen que hay largos combates sangrientos —¡Oh! no poder, siendo tan débil y de deseos tan lentos —¡Oh! no poder florecer un poco esa existencia! —¡Oh! no poder, ¡oh! ¡no querer morir un poco! —¡Ah! todo está bebido; Batilo ¿has acabado de reír? —¡Ah! ¡todo nos lo hemos bebido, todo nos lo hemos comido! ¡Nada nos queda! —Solo un poema algo vacío que echamos al fuego —Solo un esclavo algo barbián que nos abandona —Solo un fastidio de no sé qué, que nos aflige.»

Este mismo soneto el poeta Díez Canedo lo traduce sabiamente de la manera siguiente:

Soy el Imperio cuando la decadencia expira
y a los bárbaros rubios, fornidos, llegar mira
mientras un áureo estilo compone un indolente
acróstico en que tiembla, lánguido, el Sol poniente.

En brazos de un hastío denso, el alma pequeña
sufre. Dicen que allá lucha cruel se empeña,
¡Oh, no poder a todo tardo anhelar tan débil!
¡Oh, no querer de flores ornar la vida flébil!

¡Oh, no querer, oh, poder morir siquiera!
Ya ni embriagueces. ¿Dejas, Batilo, de reír?
Ni embriagueces ni harturas, ¡No hay nada
que decir!

Solo un poema necio que arrojar a la hoguera;
solo un esclavo cuyo desdén nada corrige:
solo un cansancio de no sé qué, que os aflige!

¿Cuál de las dos traducciones os recuerda mejor el original?

Y notad que este soneto es el que mejor ha traducido Díez Canedo... Y notad que Díez Canedo es hoy el poeta más hábil y más artista de España.

* * *

Un psicólogo decía, hablando de las *Conversaciones* de Goethe:

—Si no existieran, sería necesario inventarlas, pues corresponden a una realidad superior.

Esta «realidad superior», que muchas veces no llega a realizarse en la «realidad cotidiana», es la que suelen inventar los grandes historiadores y los grandes poetas. Todas las leyendas, todos los mitos, todas las tradiciones que apenas resisten al análisis de los eruditos, forman parte de esa realidad superior. Consultemos con la conciencia del pasado, y preguntémonos si no sería necesario inventar al Cid, si el Cid no hubiera existido, o a Homero, si Homero, fuese una quimera. Preguntémonos también si esas frases célebres que nos alientan a través de los siglos y cuya autenticidad los sabios niegan, no merecerían ser inventadas en caso de no existir. Una de esas frases, a veces, aun siendo apócrifa, es lo único que queda de un hombre. Y así, yo no vería con extrañeza que del rey Leopoldo de Bélgica se olvidara todo, hasta el Congo, hasta Cléo, hasta los procesos con sus hijas, todo, todo menos la frase que un cronista le atribuye hoy.

Tratábase, según parece, de París y de su encanto. En el gran salón del Elíseo, donde Fallières recibe a los huéspedes ilustres de Francia, los embajadores de Alemania, de Inglaterra y de Italia, establecían paralelos entre las bellezas parisienses y las de sus ciudades.

—En cuanto a Bruselas —dijo Fallières dirigiéndose al rey Leopoldo— es un París pequeño.

Su Majestad se inclinó.

Luego, con sencillez, dijo:

—Mi único ideal sería ser nombrado Embajador de la República Belga en Francia...

Octubre de 1907

La influencia italiana en París

Si alguien me preguntara cuál es el país que hoy más influencia tiene en París, contestaría sin vacilar:

—Italia.

En efecto, con una habilidad extraordinaria, con una suavidad admirable, los italianos han logrado poco a poco, evitando violencias y huyendo del escándalo, lo que ni ingleses, ni rusos, ni alemanes, ni yanquis, lograron nunca. Cuando Huysmans y Péladan hablaban, en otro tiempo, de la futura americanización de Francia, lo único que querían indicar eran los progresos del espíritu positivo en el mundo entero. De la italianización, en cambio, sí se podría hablar, pues es una realidad que el analista descubre en todas las esferas de la vida nacional. En lo más humilde como en lo más suntuoso, vese crecer, hora por hora, la nueva fuerza extranjera. Entrad en un restaurant para cocheros y notaréis que el vino, las pastas, el queso, son transalpinos. Recorred el bulevar en busca de un restaurant elegante, y encontraréis, a cada paso, los rótulos eléctricos con los colores de Italia. Entre la Ópera y el de Faubourg Montmartre, en un espacio de cuatrocientos pasos yo he contado hasta siete grandes restaurantes de esos. En otros barrios, son los automóviles gloriosos que ganaron las últimas grandes carreras y que trajeron desde Pekín hasta París por las estepas espantadas el pabellón del progreso. La elegancia del día exige que un coche sea de marca toscana. Los millones gastados por los ingleses y alemanes para competir con la industria francesa de este ramo se han desvanecido sin dejar huella. En cambio el arte de los fabricantes de Italia ha vencido. Las marcas más orgullosas de París fraternizan con las marcas nuevas de Florencia, de Milán, de Roma. Y no solo los vinos y los carruajes triunfan. En la Avenida de la Ópera, entre dos o tres tiendas que exponen las maravillas de Gallé, los cristales de Venecia se yerguen en la gracia frágil de sus altas líneas. ¿Quién no tiene en su casa una Luna, una copa, una lámpara, de ese vidrio que parece hecho de nieve? Los encajes son vecinos de los cristales. El arte de Murano con sus ligerezas vaporosas entusiasma a las parisienses.

Pero no es solo en lo material y en lo comercial en lo que noto la influencia italiana. Es también en lo intelectual y en lo artístico, en lo espiritual y en lo político. Todo lo que sucede tras los Alpes tiene aquí una resonancia tan grande que aun las mismas provincias francesas podrían envidiarla. Venecia está más cerca del alma de París que Lyon y Florencia parece más francesa que Burdeos. Los sedentarios artistas que tienen fama de no salir nunca de su patria, van a pasearse por los canales o a tomar el Sol en la Plaza de la Señoría como sus abuelos iban a Suresnes a ver bailar a las grisetas. No hay más que preguntar: ¿En dónde está Catulle Mendés?... ¿En dónde está Jules Lemaître?... ¿En dónde está Barrés?... ¿En dónde está Anatole France?... ¿En dónde está la condesa de Noailles?... ¿En dónde está Henri de Regnier?...

¿En dónde está Moréas?... ¿En dónde está Péladan?... No hay más que preguntarlo, para oír decir:

—En Italia.

Italia más que nunca atrae a los franceses. Al prestigio de la antigua patria del arte, de la belleza y del amor, se une un nuevo prestigio de intensa vida moderna. Ya es no solo en buscar paisajes y recuerdos en lo que piensan los que transponen la frontera. Algo vivo, algo fuerte, algo práctico los atrae también. La literatura, la ciencia y el arte, son allá fuente de enseñanzas. Entre los novelistas que más influencia ejercen en los escritores parisienses están naturalmente D'Annunzio y Fogazzaro. El clero francés, el clero intelectual que desea encontrar un terreno de conciliación entre la fe moderna y el dogma envejecido, sigue con interés la lucha de los modernistas contra el Vaticano. En las escuelas de ciencias, las lecciones de los criminalistas italianos son siempre oídas con respeto. El ejemplo de Perrero, que tuvo en París un recibimiento tan entusiasta como el de la Argentina, ha señalado un nuevo rumbo a los trabajos históricos y toda una falange de jóvenes enamorados de la psicología del pasado sigue sus huellas fecundas. Un gran escultor, el fuerte Rosso, comparte con Rodin la gloria de haber sacado de su rutina a los trabajadores del mármol. En el grave *Journal des Débats*, un filósofo austero, J. Bourdeau, estudia las teorías de Prezzolini, mientras otro filósofo comenta las paradojas de Papini. El pragmatismo reemplaza al niezstchismo como filosofía de moda. Tras la ruda manera de Zaratustra que hacía hablar en aforismos perentorios, viene la suave sofística de los neorretóricos florentinos que conceden a la palabra, en su armonía multiforme, un poder infinito. Todo lo que en Italia se publica, en fin, encuentra en París, comentadores, traductores y admiradores. Un crítico sagaz, Jean Dornis, analiza día por día, en diarios que jamás hablan de novedades inglesas o alemanas, el movimiento teatral de Roma, de Florencia, de Nápoles, de Milán. Otro escritor de talento, Maurice Muret, se ha especializado en el estudio de la novela italiana contemporánea. Los que traducen son innumerables. Obras que no tienen sino un interés local, como las memorias de Linda Murry, se vierten al francés y se leen con ardiente curiosidad. Pero ¡qué digo! ahora mismo, apenas el *Ora* de Palermo ha anunciado un tono de recuerdos personales escritos por Frégoli, ya tres editores dispútanse el honor de traducirlo. En cuanto a los libros franceses sobre Italia, sobre la historia, el arte y el cielo de Italia no es posible ni aun contarlos. ¡Que el escritor parisiense que no haya consagrado nunca una página a Venecia, a Florencia o a Roma, levante la mano! ¡Que el francés culto que no vea las cosas italianas como cosas propias se ponga de pie! Hasta los pequeños escándalos, las minúsculas intrigas y los menudos chismes de campanario, tienen su eco aquí. ¿De qué creéis que se habla ahora en los cafés del bulevar y en los salones de los Campos Elíseos? Del proceso Nazi naturalmente. Pero además se habla de otro proceso menos grave: del proceso D'Annunzio Scarpeta. La gente no se explica que el gran poeta haya recorrido a los tribunales para pedir una sanción contra su parodista. ¿Qué daño le hace a la *Hija del Jorio*, gloriosa y soberana, el inocente *Hijo del Jorio*? En el mundo entero la parodia marca la inmortalidad. No es a monsieur George Ohnet, ni a la señora Pardo Bazán, a quienes perseguirían con sus alegres muecas los profesionales de la Parodia. Es a Virgilio, es a Cervantes, es a Victor Hugo a los que persiguen. Hoy es a Gabriel D'Annunzio. Solo que este último no quiere permitir que la carcajada corra tras su musa. «Castigad a ese hombre que imita mis producciones», ha dicho a los jueces. Con un tacto digno de elogio, los tribunales, lavándose las manos, sometieron el asunto al arbitraje de dos hombres de reconocido talento: el senador Jorge Arcoleo y el crítico Benedicto Croce. Estos dos «hommes d'esprit» han comprendido que no había razón alguna para quejarse de Scarpeta, quien al escribir *El hijo del Jorio* no hizo sino ejercer su derecho, tal vez poco noble, pero de ningún modo criminal, de hacer una caricatura literaria. Pues bien: esto que en Italia parece un asunto terminado, en París apasiona a todo el mundo. Los repórteres van de redacción en redacción, preguntando a los más notorios «confreres» lo que harían en el caso de D'Annunzio. En las tertulias literarias se hace el proceso de la parodia. Los cronistas abandonando al burg, se encarnizan contra Scarpeta.

Otro gran acontecimiento parisiense ha sido la exposición de los divisionistas italianos en el salón de Otoño. Notad que en el mismo salón ha habido una exposición de arte ruso, y otra de arte belga; notad que cada año París ve abrirse una exposición de pintura española, austriaca o inglesa. Pues bien, jamás estas manifestaciones extranjeras han despertado tanto interés como la exposición de los divisionistas. Los nombres de los pintores nuevos de Italia se hacen rápidamente populares. Sus teorías se discuten ya con el mismo ardor con que se discutía hace años la doctrina impresionista y el canon simbolista. En las vitrinas de la rue Laffitte el nombre de Gaetano Previati resplandece en la apoteosis de lo que, entre vendedores se llama «altar mayor.» Todos los coleccionistas millonarios buscan lienzos de la nueva escuela. Péladan lanza contra los principios extranjeros los mismos anatemas que lanzó antes contra los principios nacionales. En cambio Camille Mauclair estudia con paciente simpatía la manera de moda.

Ahora si de la pintura pasamos al teatro nos encontramos con que la comedia más aplaudida es una comedia italiana. Ninguna pieza nueva, en efecto, tiene tanto éxito como *Aprés le pardon* de Matilde Serao. El asunto de la novela todo el mundo lo conoce. Dos parejas, una de novios y otra de esposos, se encuentran en el camino de la vida. La esposa está cansada de su esposo. El novio está cansado de su novia. Una nueva pareja se forma, pareja ardiente y criminal, hecha del dolor de los dos idilios rotos. Pero el nuevo idilio no dura eternamente. Al cabo de algún tiempo, el novio fugaz y la esposa adúltera se separan. Ambos piensan con nostalgia en la vida que perdieron. Uno y otro, vuelven hacia los compañeros que habían abandonado y encuentran el perdón que merecen. Pero ¿y después del perdón?... Matilde Serao, como buena pagana, nacida en Patrás de una madre griega, no cree en la voluntad ni en el triunfo del deber. La Fatalidad le parece la única diosa invencible. Por eso, después de llevar a los amantes criminales hacia sus nidos, vuelve a unirlos, ya sin pasión, ya cansados de sufrir, ya náufragos más que argonautas del pecado. Y esta obra de dolor y de languidez figuraos lo que puede ser interpretada por Réjane. Desde la época casi histórica de *La Douloureuse*, ningún papel había sido apropiado al genio de la grande artista parisiense.

Y para que el italiano pueda sentirse orgulloso, ni aun la voz que protesta contra sus triunfos le falta. Un gran novelista que ya había señalado el peligro de la invasión pacífica española en Argelia, Louis Bertrand, escribe hoy una novela que se titula *La invasión*.

«El mediodía —dice— se llena de vecinos.» Mas no lo dice con amargura, ni con odio. Según sus propias palabras, esos invasores pacíficos son, en general, muy buenas gentes, muy admirables trabajadores, llenos de virtudes cívicas. Lo dice porque es una verdad. En Marsella las estadísticas señalan cerca de cien mil italianos. Esto, sin embargo, no es sino una cifra aproximada. Además de los italianos inscriptos, hay muchísimos naturalizados y muchísimos que no dicen de dónde son. Algunos obreros viejos del puerto, interrogados por el autor de *L'Invasion* le han asegurado que la mitad de los habitantes de la antigua Focea son italianos. En Tolón pasa lo mismo. «Si tomamos un tren para ir a ese puerto —escribe Bertrand— veremos que las tres cuartas partes de los viajeros son transalpinos. Cuando nos apeamos, cuando penetramos en la ciudad, advertimos que la bandera de Saboya flamea ante todas las tiendecillas. Luego, si nos embarcamos en un buque y nos hacemos llevar a un astillero, nos encontramos con que todos los obreros son italianos. Esto sin hablar de los pescadores de la costa que son asimismo italianos.» Ni el que escribe esto, ni los que esto leen demuestran por nacionalistas que sean, un rencor antiitaliano. Al contrario, comprendiendo que los brazos no bastan en Francia para la agricultura, las minas y la industria, se nota que todos prefieren asociarse a los hermanos del sur para el trabajo, que recurrir a los vecinos del norte.

Febrero de 1908

La poesía contemporánea (1884-1897)

«Las escuelas poéticas —ha dicho alguien— no están bien muertas sino cuando los historiadores las entierran.»

El simbolismo acaba de ser enterrado por un historiador austero cuyas oraciones fúnebres hacen pensar en las ceremonias pomposas de primera clase.[4]

¡Pobre simbolismo! Su vida fue corta y agitada. Sus padres renegaron de él desde un principio y sus hijos le han tratado siempre con crueldad.

***

El año de gracia o más bien de desgracia de 1884, los poetas parnasianos, fatigados de la lucha violenta y cortés que habían sostenido cinco lustros contra la antigua guardia romántica, comenzaron a dispersarse. Los dictados de «formista» y de «impasible» que durante mucho tiempo habían sido consignas de combatientes, fuéronse convirtiendo en apodos algo ridículos. Los más dichosos se encerraron en ese hotel de los inválidos que se llama la Academia Francesa. Los más tímidos trataran de hacerse olvidar... solo dos, los más valientes o los más inquietos, siguieron luchando por un arte nuevo, por algo que no se pareciese a la misma canción fatigada del año 30.

Esos dos paladines exasperados del ideal raro, fueron Verlaine y Mallarmé. Con caracteres opuestos y con almas contrarias, ambos trabajaron de modos diferentes en favor de la reforma poética.

4 *La poesie contemporaine* por Vigié Lecocq.

✳✳✳

El alma de Verlaine fue un alma sencilla e instintiva de cantor triste, cuyas excentricidades y cuyas desesperaciones eran rápidas y vibrantes el deseo, como la cólera, como el arrepentimiento. Solicitado por mil sentimientos caprichosos, vivió cada día una vida distinta y escribió en páginas volanderas los fragmentos contradictorios de la historia de su ser pasional. En su obra lo que todos llaman complicación no es sino simplicidad sin equilibrio y sin artificio. Las *Fiestas galantes* fueron escritas en las mañanas de una primavera de buen humor. *Sagesse* es el resultado de muchas noches de crisis dolorosas. Entre uno y otro libro está *Paralelamente* en el cual los rayos del Sol de la Esperanza se confunden con las tinieblas de las noches del Dolor.

Ese es su libro verdadero, su único libro que muestra al poeta entero con sus penas de condenado y sus alegrías de niño, con sus resignaciones de mártir y sus apetitos de sátiro, con sus bondades de abuelo y sus cóleras de león herido, con todos sus defectos, en fin, y todas sus cualidades, con toda su sencillez, sobre todo...

✳✳✳

Mallarmé es lo contrario de Verlaine. Catulle Mendés le ha definido con una frase cuyo carácter de pedantería universitaria da una idea completa del arte cultivado por el autor de *Herodiade*. «Mallarmé —ha dicho— es un autor difícil.»

En efecto: es un autor difícil y aun es el más difícil de los autores.

Algunos de sus sonetos parecen jeroglíficos. Un periódico francés publicó un día su célebre *Tumba de Poe* ofreciendo una prima al que adivinara lo que significaba y, la verdad sea dicha, nadie pudo ganarse la prima.

Rodenbach, poeta belga a quien el viejo Goncourt quiso nombrar miembro de su Academia para que entre los diez nuevos inmortales hubiese por lo menos una persona bien educada, ha definido la poesía de Mallarmé en el siguiente soneto:

C'est tout mistère et tout secret et toutes portes
S'ouvrant un peu sur un commencement de soir;
La goute de soleil sur un diamant noir
Et l'eclair vif qu'ont les bijoux des reines martes.

Une forêt des mâts disant la mer; des hampes
Attestant des drapeaux qui n 'auront pas été;
Rien qu'une rose pour suggerer des roses-thé;
Et des jetes d'eau roudain baisses, comme des lampes!

Poême! Une relique est dans le reliquaire,
Invisible et pourtant sensible sous le verre
Ou les yeux des croyants se sont unis en elle.

Poême! Une clarté que de soi même avare,
Scintille, intermitente à fin d'être eternelle;
Et c'est dans la nuit les feux tournants d'un phare!

...Una claridad avara de sí misma, una rosa que trata de ser la evocación de todas las rosas, reliquia invisible, gota de Sol en diamante negro, fuego móvil de faro brillando por instantes en el firmamento negro, tal es, realmente, el arte de Mallarmé —arte misterioso y sugestivo; pero sin robustez, sin pasión, casi sin vida; arte de artífice para algunos; arte de relojero para los demás.

Y a pesar de todo, arte fecundo, no en sí mismo sino en sus consecuencias, en el ejemplo de trabajo paciente que contiene y en la lección de preciosa perfección que da.

Gracias a esos poemas en que los faunos explican su sensibilidad nerviosa con razones de sutil psicología y en que las bailarinas antiguas se quejan del peso de sus virginidades estériles, los poetas del mundo entero hanse aficionado a cierto refinamiento que empleado metódicamente, no como arte completo sino como elemento misterioso de arte, da a los poemas nuevos un reflejo de Sol fabuloso y lejano.

Mallarmé vivirá en la historia de las letras francesas como Góngora vive en la historia de nuestras letras. Ambos fueron al principio grandes poetas sencillos; ambos complicaron conscientemente sus estilos; ambos fueron ininteligibles y admirables; ambos tuvieron una influencia decisiva en las generaciones que les sucedieron.

* * *

Verlaine y Mallarmé fueron los verdaderos precursores; pero no los maestros, ni menos aún los jefes del simbolismo.

Demasiado independientes y demasiado personales, tanto el uno como el otro vivieron alejados de toda manifestación colectiva, contentándose con luchar por su propia cuenta en favor de una causa vaga e ideal de novedad artística.

Los verdaderos maestros del simbolismo fueron Jean Moréas, Charles Morice, Laurent Tailhade y Henri de Regnier.

El primero de estos lampadarios del arte nuevo trajo a la poesía francesa los mitos pomposos y las claridades multicolores de su patria oriental. Sus primeros poemas, sabiamente desordenados y misteriosamente sonoros, flotaron como una oriflama ante la monotonía triunfante de impecabilidad parnasiana.

Tailhade fue el primero que introdujo en la poesía ese sentimiento de misticismo voluptuoso y carnal que hoy triunfa en el mundo entero.

Reducido a la filosofía, a la historia y a la retórica, Charles Morice comentó en un libro admirable y olvidado, la obra futura del simbolismo, esa obra que luego no fue realizada por nadie y que todos esperamos durante diez años.

Henri de Regnier, delicado y aristocrático, fue un inventor de formas nuevas y de metros raros.

En su obra no hay ningún sentimiento nuevo. Su forma, en cambio, fue en otro tiempo, admirable de novedad discreta y rara.

Al lado de estos poetas de treinta años, otro ciento, más jóvenes y más atrevidos, lucharon valientemente, de buena fe, con entusiasmo inquebrantable, con amor fanático. Lucharon por la Belleza y merecieron triunfar.

¿Qué queda, sin embargo, de lo hecho por ellos?

Nada más que un florilegio, una breve antología, un manojo de flores desiguales, sin gran perfume, sin brillo extraordinario, pero muy delicadas y a veces muy bellas.

Los poetas del siglo XVIII no dejaron otra cosa...

Julio de 1897

Los poetas a la moda

Los admiradores de Eloy González que leyeron hace pocos meses en esta misma revista un notable artículo consagrado a *Literatura extranjera*, deben de suponer que los catorce capítulos que componen mi estudio sobre «los poetas jóvenes de Francia» son un catecismo definitivo para los curiosos de arte nuevo y de retórica complicada.

Yo mismo, al escribirlos con paciencia de académico y entusiasmo de coleccionista, creí que mi libro llegaría a ser, en España y en América, una obra de consulta durable, una galería non variettur, uno de esos compendios, en fin, que sirven a todo el mundo como *La leyenda del Parnaso* de Catulle Mendés y que a veces determinan un florecimiento de orquídeas nuevas como *La cuestión palpitante* de Emilia Pardo Bazán.

Desgraciadamente no ha sido así. Los admiradores de Eloy González se han engañado. —Yo también me engañé—. *Los poetas jóvenes de Francia* comienzan ya a necesitar apéndices, escolias, notas.

Y lo más curioso es que quien tiene la culpa no es el autor sino el asunto.

...Porque, en efecto, ¿qué culpa tengo yo de que entre mis «jóvenes poetas» haya algunos que ya hoy no tienen nada de jóvenes? ¿Y quién podrá acusarme de no haber hablado de ciertos poetas que hoy son muy notables y que cuando yo preparaba mi libro apenas eran conocidos?

Empero, una obra relativa a la poesía nueva de Francia en la cual no se habla ni de Alberto Samain, ni del conde Montesquiou-Fezensac, ni de François de Curel, debe de parecer ridícula a mis excelentes amigos de *El cojo ilustrado* y de *Cosmópolis*, por lo cual me decido hoy a escribir algunas

notas sobre los tres artistas jóvenes que más llaman actualmente la atención del París intelectual.

***

Hace dos años nadie conocía de Alberto Samain sino una
Poética en verso, o mejor dicho, una ligera colección de dísti-
cos en los cuales el autor expresa más bien sus anhelos y sus
esperanzas de artista que sus ideas de esteta.

> Je rêve des vers doux et d'intimes ramages,
> De vers à florer l'âme ainsi que des plumages,
>
> De vers blonds òu le sens fluide se délie
> Comme sous l'eau la chevelure d'Ophelie,
>
> Des vers silencieux et sans rhytme et sans trame
> Oú la rime sans bruit glisse comme une rame
>
> Des vers d'une ancienne etoffe exténuée,
> Impalpable come le son et la nuée
>
> Des vers d'un soir d'automme ensorcelant les heures
> Au rite feminin des syllabe mineurs.
>
> Je rêve de vers doux mourant comme des roses.

Y los críticos de las capillas literarias del Modernismo, decían: «Esas son teorías, teorías sentimentales, teorías vagas,
puras teorías. En fin, seguramente no serán nunca realizadas
por un poeta que a los veinticinco años de edad no ha escrito
aún media docena de sonetos.»

Alberto Samain acaba de responder a los que dudaban de
su ingenio, con la publicación de un libro titulado *El jardín
de la Infanta*.

Los versos de *El jardín de la Infanta* son versos reales, son versos nobles que no se retuercen nunca en giros complicados, sino que marchan pausada y suavemente al ritmo de minuetos lejanos, de pavanas somnolentes y de gavotas evocadoras. En el fondo casi no tienen nada de nuevo. Sus melodías suenan como una orquesta de la cual formase parte el órgano sagrado de Lamartine y el divino violín de Paul Verlaine.

Oíd:

Les gondoles sont là, fragiles et cambrées
Sur l'eau dormeuse et sourde aux elacis mourants,
Les gondoles, qui font, de roses encombrées,
Pleurer leurs rames d'or sur les flots odorants.

¿No es verdad que en esta estrofa hay algo de las *Fiestas galantes*, con algo también del *Lago*?

Samain, como Regnier y como Merril, es uno de esos innovadores tímidos que tratan de ser decadentes sin romper por completo con la tradición y sin dejar de ser al mismo tiempo parnasianos o románticos.

***

El conde Roberto Montesquiou de Fezensac, por el contrario, es el tipo perfecto del decadente radical e inflexible. En la imagen literaria que de él nos formamos, la vida se confunde con la obra: sus corbatas tienen, por la excentricidad, un aspecto literario: sus versos son «artículos de París» como los calendarios que dan la hora y los tinteros en forma de torre Eiffel. Fuera de la capital de Francia sus poemas parecerían tan ridículos como sus levitas.

El más alto timbre de gloria de Montesquiou, consiste en haber servido de modelo a J. K. Huysmans para escribir la novela titulada *A rebours*.

¿Os acordáis de Des Esseintes? Huysmans le define en las líneas siguientes: «Es un hombre a quien el Artificio parece la marca distintiva del genio que considera que la madre Naturaleza debe ya morir, porque su monotonía de cielos y paisajes ha cansado a los exquisitos.»

El conde Montesquiou piensa del mismo modo. Sus poesías, están llenas de quejas amargas y raras contra la existencia vulgar. Al salir de un baile escribe:

Et je fuirais jusqu'au rivage candiote
Le rire complaisant de la fête idiote.

Una flor cualquiera, una dalia o una rosa, le inspira un poema compuesto por completo de epítetos raros:

Avivé, refléte, marbré,
Cerné, bordé, frisé, pointé,
Eclairé, nuancé, carné,
Frisé, liseré, velouté,
Granité, strié, cocciné,
Lavé, Glacé, sablé, chiné,
Panaché, rubané, marginé.

Y esto no es nada, porque después de buscar en un diccionario especial lo que algunas de esas palabras quieren decir, llega uno a ver el sentido completo de la estrofa.

Pero ¿qué me dicen ustedes de la siguiente estancia cuyo sentido y cuya sonoridad son idénticas en francés y en español?:

Aurone, pergulaire, ananas, amalgames;

Bigarade, kus-kus, néroli, tournesol.
Origans, orvietans, orpiments, orcanètes;
Miroane, axonge, alcoolats, spermaceti;
Mucilages, glicèrolés et savonnettes
Vin de Lys, Lait de Rose, etalé, bu, senti.

...Todo eso dicho en serio con la seguridad de realizar una obra de arte nuevo y de originalidad poética; todo eso publicado en un volumen muy lujoso cuyo título mismo encuentra admiradores (*El jefe de los perfumes suaves*); todo eso juzgado por la crítica aristocrática y todo eso aplaudido... ¡Dios mío!... ¡debe de hacer dudar en América y en España del gusto de Francia y de la sinceridad de mis poetas jóvenes!

Así, me apresuro a asegurar que el conde Roberto Montesquiou de Fezensac es una planta solitaria en el jardín del arte nuevo.

***

François de Curel ha escrito dos o tres dramas modernos que, según la opinión de algunos amigos suyos, son superiores a las piezas de Ibsen. En literatura es necesario ser siempre superior a otro. Maeterlinck es superior a Shakespeare, Moréas es superior a Chenier, Richepin es superior a Villon, Armand Silvestre es superior a Rabelais... ¿Por qué, pues, de Curel no ha de ser superior a alguien? Pero al mismo tiempo ¿por qué a Ibsen más bien que a Corneille o a Molière? Yo de mí sé decir, en efecto, que *Los fósiles y l'Envers d' une Sainte* me han hecho mejor pensar en los grandes clásicos del teatro francés que en el gran visionario del Norte. Las cualidades esenciales de François de Curel son la penetración a la Molière y la elocuencia a la Corneille. Lo único que pudiera hacer que se encontrasen analogías lejanas (¡oh muy lejanas!) entre él y el autor de *Peer Gin*, es la composición psicológicamente monótona de sus escenas; mas este mismo defecto que a primera vista parece un «punto de contacto», es quizás, en el fondo, una «diferencia» definitiva. Ibsen llega a la monotonía por abundancia de pensamiento y por deseo de claridad filosófica; François de Curel, al contrario, va directa e inconscientemente a la monotonía. En *Los fósiles*, su obra esencial, casi no sucede nada; los cuadros se suceden con lentitud y la intriga no aparece; los personajes pasan de disgresión a digresión y cuando los espectadores creen que la pieza verdadera va a comenzar, la pieza termina.

Sin embargo, *Los fósiles* son uno de los más deliciosos dramas modernos, gracias al estilo, gracias a la sensibilidad y gracias a la psicología. Los que lo atacan hablan de él desde el punto de vista del «espectáculo por el espectáculo.» Yo que prefiero ver en todas las obras escritas algo superior a una «pura diversión» aplaudo con verdadera sinceridad todas las obras de François de Curel.

4 de enero de 1896

La muerte de Paul Verlaine

Paul Verlaine murió hace pocos días, no en el hospital como han de suponer algunos de sus admiradores americanos, sino en una casita del Barrio Latino, muy modesta, muy limpia y muy burguesa.

Murió tranquilamente, sin sufrimientos, sin desesperaciones, casi sin agonía, entre los brazos de una musa compasiva que quiso endulzar los últimos años del poeta con sus caricias maduras.

***

Yo conocí a Verlaine hace seis años y según creo la primera vez que de él se habló en español fue cuando se publicó en Madrid mi folleto titulado *Esquisses*.

¡Pobre «Lelian»! Mi artículo sobre su vida y sus obras le pareció verdaderamente desagradable como lo prueba la siguiente carta de Alejandro Sawa:

«París: enero de 1891. —Querido Enrique: He entregado a Verlaine el ejemplar de tu libro que para él me envías. ¿Debo decirte la impresión que le ha producido? No lo sé; pero como creo que si esto te apena, más te apenaría aún no saber la verdad, paso por encima de todas las consideraciones que pudieran cerrarme la boca y (en estilo de notario) digo: 1° que los primeros capítulos en los cuales dices indistintamente al hablar del genio en general "Shakespeare, Homero, Verlaine, Victor Hugo, etc.", le parecieron de perlas: 2° que la publicación que haces de las cartas que te ha escrito desde el hospital le ha gustado: 3° pero que el capítulo de las anécdotas privadas, le ha puesto de mal humor... ¿por qué?... ya lo verás... Dices tú al comentar una frase erótica suya: "estas

131

palabras pronunciadas por labios marchitos de sesenta años,
suenan de un modo macabro en mis oídos" y él exclama al
oír tus líneas "¡Verdaderamente ese Carrillo está loco!... ¿Yo
sesenta años?... No... debe de estar chiflado... De hoy en adelante no volveremos a ser amigos. —Adiós querido. Tuyo
siempre—. Alex Sawa".»

Empero, a mi regreso a París fuimos de nuevo amigos o, mejor dicho, seguimos siéndolo, pues a decir verdad, los rencores del autor de *Sagesse* no duraban nunca sino «el espacio
de un ajenjo» como solía decir él mismo.

***

En el año 1893 la vecindad llegó a convertir nuestras relaciones en una verdadera e íntima amistad. Él vivía entonces en
el hotel de Lisboa, en la rue de Vaugirard y yo en el hotel de
Médicis en la rue Monsieur-le-Prince. Cuando alguien llamaba a mi puerta a las cinco de la madrugada ya se sabía, era
Verlaine.

—¿A dónde va usted? —le preguntaba yo.

Y él me respondía invariablemente:

—Al café...

Los que al encontrarle algo más temprano o algo más tarde le hubieran hecho la misma pregunta habrían recibido
una respuesta idéntica.

«Verlaine —dice Louis Le Cardonnel— no conoce sino el
camino del café.»

***

A veces sin embargo, su ruta iba hasta el puente San Miguel
en donde vivía en aquella época su buen editor Vanier.

Recuerdo que una mañana de invierno al pasar frente al
cabaret del Sol de Oro, oí que alguien me llamaba. Era Ver-

laine, que tenía un papel en la mano y que me decía en alta
voz:

—He aquí mi último soneto... es necesario llevárselo a Vanier para que me dé cinco francos... pero yo no puedo ir...
no... no puedo ir... tengo aquí una taza de café y antes de
marcharme es necesario que la pague... Vanier es un lagarto
que no quiere darme un céntimo mientras no le lleve algo
escrito...

Y luego me contó, detalladamente, la historia editorial de
sus libros:

—Mis únicos versos que han sido escritos con cuidado,
con tranquilidad y con tiempo —me dijo— son las estrofas
de *Sagesse*: desde la primera hasta la última fueron compues-
tas en la cárcel.

J'ai naguère habité le meilleur des chateaux
Dans le plus fin pays d'eau vive et de coteaux;
Quatre tours s'élevaient sur le front d'autant d'ailes
Et j'ai longtemps, longtemps habité l'une d'elles.

...Sí, *Sagesse* fue escrito en prisión, en mi castillo feudal de
Bélgica, y por eso está bien meditada y bien compuesta... Mis
obras han sido hechas a saltos... un fragmento en el café, otro
en casa, otro en el hospital... en el hospital los más sobre
todo en estos últimos tiempos. Pero en el hospital no se trabaja tan bien como en la cárcel: en el hospital hay enfermeros
que hablan, médicos que llegan e internos que bromean; en la
cárcel ninguno de esos inconvenientes:

Un lit strict où l'on pût dormir juste à son aise,
Du tour suffisamment et de l'espace assez

***

D'ailleurs nuls soins gênants, nulle demarche à faire
Deus fois le jour ou trois un serviteur sévère
A portait mes repas et repartait muet

¡Oh la cárcel!... Y sin embargo no querría volver a ella. La libertad es una locura sagrada. Yendo de hotel en hotel y de hospital en hospital, me siento menos desgraciado que en aquella torre donde viví dos años enteros con mis rimas y con mis ensueños... —Pero me parece que hablábamos de mis libros... Sí, eso es: ninguno de ellos ha sido hecho como yo lo deseaba; ninguno de ellos ha salido de la casa de campo en la cual me hubiera sido dulce trabajar, vivir y morir; ninguno de ellos ha sido publicado en el instante en que yo quisiera sino en el instante en que al editor le dio la gana... Vanier me da todas las mañanas un duro en cambio de algunas líneas: y cuando tiene bastante para componer un folleto, mi nueva obra nace sin que yo lo sepa siquiera... ¿no es verdad que todo eso es algo triste?... Y sin embargo yo no me quejo. Yo soy humilde. Yo creo que la poesía no debe venderse. Yo hago lo que puedo y lo doy a quien me lo pide... además un duro es algo más de lo que para vivir estrictamente se ha menester.

Los lectores de *El cojo ilustrado* que hayan tenido ocasión de hojear las *Confesiones de juventud* publicadas hace poco tiempo por el *Fin de Siecle*, reconocerán en las líneas anteriores el carácter sencillo e ingenuo del autor de *Fiestas galantes*.

***

Tan grande era en efecto, la sencillez de Verlaine, que a veces rayaba en simplicidad. Cuando alguien trataba de hacerle renunciar a sus costumbres de bohemia instintiva y sentimental, solo conseguía ponerle de mal humor.

Hace dos años un empresario inglés se propuso inaugurar en un teatro de Londres una serie de conferencias modernistas. El primer poeta invitado a hablar en nombre de la nueva generación intelectual, fue Verlaine. El empresario le dio mil duros y un billete de ida y vuelta, por dos o tres horas de charla casi familiar. La conferencia estaba anunciada para las nueve en punto. Un cuarto de hora antes, el pobre gran poeta se presentaba en el gabinete del director y se ponía a sus órdenes. El inglés, que se figuró sin duda que Verlaine llegaba del tren, le indicó, con gran respeto, que apenas le quedaban quince minutos para cambiar de traje.

—¡Cambiar de traje! —exclamó el autor de la *Buena canción*— ¿y por quién me ha tomado usted? Yo me presentaré así, con mi americana, o no me presentaré de ningún modo.

Y por más que hizo el empresario, no logró reemplazar el paletó usado en los cafés de París por un frac de Londres.

Cuando Verlaine nos ¿contó? esta anécdota terminó diciendo:

—Si quieren enseñar levitas nuevas que busquen al príncipe de Sagán, y si quieren enseñar poetas que no se fijen en las levitas... Después de todo, el hombre feliz es el que no tiene camisa... y el poeta verdadero siempre es feliz...

***

¿No os parece una paradoja en labios de Verlaine esta última frase? A mí, por lo menos, me produjo la impresión de una mueca irónica cuando se la oí por primera vez. Y no obstante, quizás sea una de las pocas «verdades verdaderas» de que disponga la filosofía sensitiva de nuestro siglo.

«...El poeta verdadero siempre es feliz» —Sí; es feliz porque viviendo en el mundo luminoso de sus visiones desconoce la vulgaridad del mundo exterior —es feliz porque se crea un universo nuevo de ensueños y de imágenes; —es feliz porque puede decirse a sí mismo las célebres palabras de Saint-Paul-Roux el Magnífico: «soy un Dios, soy un poeta. Concibo un mundo que es el elixir de la vida inicial y que se confunde con las horas corporales; pero como este mundo es propiedad de todos en la abstracción de la existencia, me formo otro que es mejor, que nace de mi espíritu, que es hijo del Deseo y de la Belleza... Y mi florecimiento se mide con mi genio para adorar o enmendar el florecimiento de la obra de la naturaleza.»

Así pues, en vez de llorar aún las miserias vulgares y las tristezas pasajeras del gran poeta que acaba de morir, cantemos la gloria de su genio.

¡Fue un poeta y fue feliz a pesar de su desgracia!

18 de enero de 1896

Teodoro de Wyzewa

Teodoro de Wyzewa es uno de los espíritus más delicados, más curiosos y más profundos de la nueva generación francesa. Sus *Cuentos cristianos* fueron, hace cinco o seis años, una verdadera fuente de sensibilidad nueva en la cual muchos jóvenes hastiados de naturalismo, comenzaron a saciar la sed del ideal. El mismo Anatole France, con todo de ser el más venerable y el más antiguo de nuestros maestros, se inspiró a veces en *El bautismo de Jesús*. Fuera de Francia, en Inglaterra y en Alemania sobre todo, los imitadores del joven evangelista parisiense llegaron a ser legión.

En España, sin embargo, nadie sabía ni aun el nombre de Wyzewa. En América tampoco. Nosotros, los españoles y los americanos aprendemos tarde los apellidos famosos y no llegamos a conocer los libros extranjeros sino cuando ya van por la vigésima edición.

* * *

En París, me contestará alguien, sucede lo mismo con los escritores de fuera.

Es cierto, o, por lo menos, fue cierto hace tiempo, pues hoy por hoy todos los diletantes franceses están al corriente del desarrollo intelectual y artístico de Europa entera. Los rusos introdujeron la moda de las literaturas lejanas haciendo ver a los habitantes del bulevar que nada es más bello que la campana que suena del otro lado de la montaña. Luego vinieron los escandinavos, con Ibsen a la cabeza. —Ibsen que ahora es tan popular como Sarcey y tan admirado como Zola. Al fin llegaron los prerrafaelistas ingleses, los estetas italianos, los simbolistas de Portugal y aun alguno que otro novelador español, como Valera, como Clarín, como Galdós.

En esta hora de transplantación literaria el que más y mejor ha trabajado es Teodoro de Wyzewa.

***

Wyzewa, en efecto, no se ha consagrado al estudio de una sola literatura como el vizconde de Vogué, ni menos aún al análisis de un hombre como Prosor. Curioso y sabio, ha viajado intelectualmente por todos los países artísticos y nos ha traído muchos datos de cada una de sus excursiones. Sus estudios quincenales de *La revista de ambos mundos* y sus crónicas de *El tiempo*, contienen siempre algunos datos inéditos y algunas observaciones originales sobre los hombres que piensan en Europa. Gracias a él ninguna obra digna de aprecio, por lejana y exótica que sea, pasa sin ser vista en París. Ojalá algunas de esas valientes revistas del Nuevo Mundo, que, como *El cojo ilustrado* tratan de dar a conocer el movimiento literario cosmopolita, tradujese y publicase periódicamente las *Lecturas extranjeras* de *El Tiempo*.

Ojalá hubiera también un editor capaz de publicar en lengua castellana el libro en que Wyzewa acaba de reunir, con el título general de *Ecrivains Etrangers* los retratos más acabados que ha hecho últimamente.

***

Ecrivains Etrangers es el primer cuadro de un panorama crítico de Europa —cuadro vasto y variado en el cual aparecen algunos filósofos alemanes, cinco o seis poetas ingleses, varios profetas rusos, algunos novelistas italianos y hasta unos cuantos cantares oscuros de Nerlanda—. Al publicarlos en volumen, Wyzewa ha eliminado todos aquellos de sus estudios en los cuales hay más ironía que ciencia y más ligereza que ideas. Mas por fortuna ha dejado escapar uno, uno solo, que es una pequeña obra maestra de sencillez sonriente y frívola, una silueta familiar de Ibsen, uno de esos croquis que se hacen en el mármol de las mesas de cafés y que a veces son más completos y más expresivos que un retrato de cuerpo entero. Además, este croquis tiene el mérito de ser el único que presenta a Ibsen tal cual Ibsen es en efecto, con su orgullo inocente, con su salvajería infantil, con su bondad fría y circunspecta, con todos sus defectos menudos y todas sus grandes cualidades. «La segunda vez que vi a Ibsen —dice— fue en Múnich, en el café de la calle Maximiliano: allí viene todas las tardes el viejo poeta, cuando el reloj de la esquina marca las seis y media; allí se queda, durante una hora, bebiendo, invariablemente, una copa de coñac con agua, bebiendo despacio, a pequeños sorbos metódicos, siempre en el mismo sitio, siempre silencioso, siempre inmóvil. Sus cabellos blancos, su barba y sus cejas, tenían un aspecto feroz. Pero al sentarme a su lado vi por un fenómeno raro que la ferocidad de sus pelos parecía postiza y que lo único natural en él era la cara redonda y rosada, más semejante a una manzana del Norte que a una fiera. Los ojos mismos, detrás de los espesos lentes tenían una expresión infantil y dulce. Dulce e infantil era también la voz, y las cosas que me decía eran asimismo perfectísimamente dulces e infantiles. Durante una hora me habló de sus obras, de sus amigos, de sus viajes, etc. de una manera reservada, discreta y bonachona.»

¡Qué diferente es este Ibsen a la ligera de los mil y un Ibsen serios que los periodistas alemanes nos habían enseñado en sus revistas! Y cómo se ve, a través de esas frases descuidadas y sin pretensiones, que el Ibsen verdadero es este viejecillo bondadoso y metódico, buen protestante, buen trabajador, poeta moderno, y no el otro, el anarquista, el que trataba de incendiar el mundo, el que llevaba un espejo en el fondo de su sombrero y se detenía en las esquinas para peinarse la barba.

* * *

Entre los estudios serios de *Ecrivains Etrangers*, uno sobre todo me ha llamado la atención. Se titula «El último metafísico» y es un análisis de la obra filosófica de Federico Nietzsche. Pero este estudio es necesario leerlo, pues las frases que lo forman están todas unidas de una manera tan compacta, que aisladas en citas cortas, perderían el sabor y aun el sentido.

* * *

Según dice Renán en sus *Recuerdos de juventud*, el que en su tiempo entraba a formar parte de la redacción de *Los debates*, no salía nunca, todos eran redactores vitalicios, todos nacían, vivían y morían haciendo el mismo folletín o el mismo correo parlamentario. De entonces acá las costumbres del gran diario conservador han cambiado casi por completo. Hoy ya no tiene nada de raro eso de «marcharse de *Los debates*.» Rod se marchó y Deschamps se marchó. Jules Lemaître también va a marcharse con objeto de consagrar todo su tiempo y toda su energía al arte dramático.

En este caso Lemaître ha cambiado más que *Los debates*, pues no hace aún seis meses nos decía en el prólogo de sus nuevos *Contemporáneos*: «Después de cultivar todos o casi todos los géneros literarios, vuelvo a la crítica convencido de que nada es tan propicio para decir lo que uno piensa y para exponer las pocas ideas generales de que uno dispone, como esta forma que según la opinión general debe únicamente consistir en exponer y analizar las ideas de los demás.»

Pero en Jules Lemaître ningún cambio de opinión es raro. Su sistema filosófico consiste en no tener ninguno. Su intelecto es variable y ondulante como una alma femenina. Su estilo mismo es diferente en cada página.

El escritor que va a reemplazarle como revistero teatral de *Los debates*, al contrario, es un espíritu amplio y equilibrado, tal vez no muy sutil y sin duda poco ameno, pero metódico hasta la manía y sincero hasta la violencia. Se llama Emile Faguet y es profesor de humanidades en la Sorbona. Su obra, un estudio sobre la literatura francesa desde el siglo XVI hasta el siglo XIX, es un verdadero tesoro de erudición a la moderna, a la francesa, no encerrada en citas marginales ni reducida a descripciones bibliofílicas, sino mezclada con la sustancia misma del juicio y de la historia. La parte relativa al siglo XVIII es inmejorable; pero lo que a nuestro siglo se refiere casi es odioso en toda la extensión de la palabra, odioso sin matices y sin excusas, terriblemente odioso. Leed el estudio sobre Teófilo Gautier y os convenceréis de que no exagero. ¡Pobre gran poeta de los *Esmaltes*! Nuestro mismo Valbuena que para mí es el tipo épico de la crítica gramatical y castiza, le habría tratado mejor. Hermosilla, cuyo cerebro no llegaba ni aun a comprender las inocentes complicaciones de Morando, habríale comprendido menos mal.

Por eso, cuando me pongo a pensar en el estado de refinamiento actual del teatro francés y cuando me acuerdo del rencor universitario que Faguet ha mostrado siempre contra la literatura «deliquescente», no puedo menos de preguntarme cómo se las arreglará el nuevo crítico de *Los debates* para hablar de los dramas nuevos sin salirse de las tradiciones de cortesía bondadosa que siempre reinaron en el más serio y en el más linajudo de los periódicos de Europa.

****

He aquí dos nuevos libros sobre España: *España* de Leconte y *Españas* de Jean Lorrain.

Los asuntos son idénticos en ambas obras pero la impresión que producen es enteramente opuesta. Sentados en el mismo balcón, ante el mismo paisaje, al mismo tiempo, Lorrain lo ve todo negro, Leconte todo azul.

Leconte es un buen hombre, un viajero sencillo que atravesó los Pirineos con objeto de divertirse, de admirar los ojos azules de las gitanas, de oír las guitarras andaluzas, de beber manzanilla en copas muy altas, de admirar las corridas de toros, de hacer una peregrinación piadosa a través de las salas españolas del Prado, de sentir la nostalgia de vida libre que produce el Escorial, de repetir, en fin, el viaje clásico. Y como su carácter es alegre y su pluma benévola, el libro que nos trajo es un excelente libro de sensaciones pintorescas, tal vez no muy originales pero siempre muy amenas.

✽✽✽

Lorrain, al contrario, es un exquisito, un raro, un observador que no busca en la naturaleza sino el aspecto que los demás no han visto. Además es un modernista y un modernista parisiense, cuyo punto de comparación es siempre el bulevar. La primera impresión que recibió al entrar en la península, fue agradable: Fuenterrabía con sus casas solariegas en ruinas y sus iglesias oscuras y vistosas, le pareció un refugio sin rival para cultivar el sentimentalismo de su alma. Pero las grandes ciudades, Barcelona especialmente, no fueron para él sino una gran decepción. Sus descripciones de la Rambla, sus notas sobre los edificios catalanes, sus observaciones sobre los lugares de placer de Barcelona, todo lo que se refiere, en fin, a la ciudad de los duques, es agridulce; pero más agrio que dulce.

Lo único que en España le gusta, es lo antiguo, lo histórico, las catedrales, los museos, los palacios.

Mas la España nueva, lo que hoy vive en España no encuentra merced ante su crítica, ni los toros, ni el vino, ni siquiera los ojos de las mujeres.

—Yo he estado en varias provincias —me dijo al regresar—, he visto muchas mujeres feas y algunas bonitas; pero mujeres verdaderamente lindas, ninguna. En el fondo, creo que para ver españoles admirables es necesario ir a esos conciertos de París en donde las muchachas de Montmartre se visten de chulas y de toreros.

Septiembre de 1896

Una visita a François Coppée

Ninguna existencia tan sosegada, tan sencilla, tan burguesa, como la del poeta de *Intimidades*.

«Mi historia —ha dicho él mismo en una carta a Feliciano Champsaur— no se parece a la de Artagnan. Mi padre fue un modesto empleado del Ministerio de la Guerra que no llegó nunca a ganar más de lo indispensable a causa de sus opiniones monárquicas y legitimistas. Mi infancia fue pobre: tuve tres hermanas, una de las cuales murió, otra que está casada y la tercera que vive siempre conmigo. Durante la adolescencia, después de cumplir los quince años y antes de llegar a los veinte, ejercí mil oficios menudos para ganar diez duros al mes; luego entré al Ministerio de la Guerra, como mi padre, en calidad de escribiente; trabajé mucho, haciendo versos que no pensé ver impresos.

»Catulle Mendés, que vivía cerca de casa, me dio consejos útiles, me sirvió de guía intelectual y al fin me hizo formar parte del cenáculo de los parnasianos. Ya en el "Parnaso", fui en compañía de otros poetas, los sábados a casa de Leconte de Lisle, los jueves a casa de Teodoro de Banville, los demás días a casa de Mendés. Cuando quise verme impreso, ningún periódico aceptó mi poema. Al fin Arsenio Houssaye publicó mi "Bendición" en el *Artista*, Lionnel la recitó en un teatro y de la noche a la mañana fui conocido. Más tarde Agar representó mi *Passant* en el Odeón para su función de beneficio —un triunfo; más tarde mis libros se vendieron; más tarde fui elegido miembro de la Academia— y nunca una aventura!»

... Nunca una aventura, en efecto. Pero eso no obsta para que su leyenda sea una de las que más interés despiertan en los curiosos de psicología literaria.

Como modelo para un cuadro de Bonnat, la figura de Coppée no tendría valor ninguno porque carece de grandes rasgos austeros y de colores definidos; pero sería, en cambio, una imagen deliciosa para el artista que quisiese reproducirla al pastel, con matices suaves y medias tintas discretas, en la melancolía algo antigua de un fondo intencionadamente desteñido.

Por mi parte, el poeta del *Passant* me ha producido siempre la impresión de un convaleciente sensitivo que contempla la vida con amor y con alegría, pero que al reproducir sus visiones se acuerda de las miserias humanas, de sus propias miserias, y mezcla sus goces, sus lágrimas y sus entusiasmos en estrofas frescas hasta la vulgaridad y piadosas hasta el dolor.

***

Para comprender toda la dulzura íntima y toda la bonachona ironía de Coppée, es necesario oírle hablar... ¿De qué? De cualquier cosa: de sus paseos por las inmediaciones de París, de sus primeros versos, de la pobreza de su niñez, de un par de pantuflas que bordó para él una pobre costurera, con retazos de seda y hebras de plata robados en el taller; de su pobre nodriza; de la muerte de su caballo; de sus gatos, en fin, mientras más insignificante es el asunto, más claramente se nota esa ironía y esa dulzura.

La primera vez que tuve el gusto de visitarle en su casita llena de flores, de la rue Oudinot, el poeta volvía del campo.

—El campo —me dijo— es muy agradable y sobre todo muy útil para los que no gozamos de una salud robusta. Pero yo me aburro en el campo al cabo de algunos días y la nostalgia de París llega a hacerme físicamente más daño que las comidas de restaurant y las veladas interminables. Yo soy un burgués, un verdadero y odioso burgués, que no puede vivir lejos de sus amigos, lejos de sus libros, lejos de sus cafés favoritos. Mis gatos mismos me hacen falta para estar contento y para trabajar con gusto, por lo cual me he decidido a llevarme a la Fraiziere al más dócil de todos, a Petit-Loulou, un parisiense de pura raza, ágil, perezoso, alegre, femenil, acariciante; pero los otros se quedan aquí y me hacen falta, sobre todo Siam, mi lindo Siam...

Ya le verá usted... ¡Siam, ven por aquí Siam!...

Sin poner atención en la orden de su dueño, Siam continúa apelotonado en el otro extremo de la pieza, casi invisible entre los cojines de seda que le sirven de lecho.

—Es un salvaje —continúa Coppée— un verdadero salvaje, desobediente, flaco, indomable, cruel; un verdadero gato de Indochina con las patas de adelante más largas que las de atrás y con las uñas como las de un tigre; pero tiene los ojos tan lindos, tan oscuros, tan brillantes, tan perversos...

A veces, viéndole entre sus compañeros, he soñado con tristeza en que las mujeres de su país deben de ser así y que nunca una de ellas me dará un beso...

Porque entre los animales ninguno se parece tanto a la mujer como el gato... ni el mono...

✳✳✳

Muy amigo de España —de la España romántica, pintoresca y heroica, de la España de Gautier y de Musset, en fin— el autor de *Severo Toreli* no ha leído nunca un solo verso de Campoamor o de Núñez de Arce, ni siquiera tiene idea de que tras los montes pueda existir una literatura que no sea calderoniana en el peor sentido de la palabra; pero en cambio sigue con un interés apasionado el curso de las más insignificantes manifestaciones carlistas, republicanas y cubanas.

—¡Don Carlos sí que es un rey! —me dijo— un gran rey español. Estoy seguro de que en el fondo de su alma caballeresca, España es inconsciente y profundamente carlista. Y tiene razón, muchísima razón, porque en el estado actual de Europa, desde que se inventó en el mundo latino ese gobierno llamado parlamentario, el rey no es sino un jefe decorativo y por lo mismo es necesario que sea bello y majestuoso como don Carlos. Después de todo los partidos y las ideas políticas no valen sino por los hombres que las encarnan... «¡Libertad, igualdad, fraternidad!» sí, perfectamente, ¿por qué no? pero que los jefes no sean burgueses sin galantura, ni tontos con pretensiones, porque entonces hasta la libertad es odiosa. Para mí la gran idea es Napoleón... porque yo casi no tengo nada de republicano.

Y después de contemplar los grabados de Raffet que decoran su cuarto de trabajo, echóse a reír y continuó:

—¿Sabe usted lo que más curioso me ha parecido en la crónica consagrada por la prensa de España a la guerra de Cuba? Pues es que los españoles censuren a los cubanos a causa de que éstos, en vez de presentar batallas en regla, luchan desde sus montañas, en emboscadas... Porque verdaderamente si algún país no tiene derecho a quejarse de esa táctica, ese país es España que en la guerra contra Napoleón hizo con nuestras tropas lo mismo que los hombres de Maceo están haciendo con las suyas.

Una segunda pausa. Una nueva carcajada. Luego:

—En cuestión de quejas y de censuras —prosiguió— la lógica no existe casi nunca. Así, por ejemplo, nosotros los poetas viejos, los parnasianos, nos quejamos a menudo de que los jóvenes simbolistas nos ataquen, nos llamen momias, nos tilden de imbéciles y esperen con impaciencia la hora de nuestra muerte. Sin embargo, no tenemos derecho a quejarnos porque nosotros hicimos lo mismo con nuestros predecesores literatos a mediados del siglo... Lo mismo que los españoles y los cubanos... Y todos somos de buena fe. Yo no entiendo, le aseguro a usted que no entiendo, los poemas decadentes: a veces me he propuesto leerlos despacio, buscar en ellos las chispas que anuncian el futuro fuego sagrado, ¡pero imposible, no los entiendo y naturalmente cuando por casualidad hablo de los autores de tales poemas, les llamo locos, sin acordarme de que a mí también me llamaron loco en otro tiempo asegurándome que mis versos eran ininteligibles... Y ellos también, los simbolistas, los decadentes, todos los revolucionarios de hoy, serán los viejos burgueses de mañana y llamarán locos a los que vengan después de ellos y no entenderán las odas de sus sucesores literarios. Porque no hay duda, los futuros triunfadores y los futuros académicos son ellos... tal vez no Moréas o Rettée o Regnier, pero los otros ¿quiénes? cualesquiera... Dios sabe... X. o H. o Z., algunos de los que tienen veinte años y que hacen versos incomprensibles para mí como nosotros los del Parnaso hacíamos versos incomprensibles para Ponsard...

✱✱✱

Uno de mis amigos me había asegurado que el autor de *Intimidades* no podía hablar con nadie durante diez minutos sin contarle la historia del Parnaso contemporáneo. «Es su locura: yo he ido a verle diez veces y diez veces me ha referido la leyenda parnasiana.»

Empero, hacía ya más de una hora que yo estaba sentado en el inmenso diván de su gabinete de trabajo y aún Coppée no se había referido sino incidentalmente al grupo de sus amigos de juventud. En vano mis preguntas habían sido indiscretas. El poeta contestaba siempre brevemente, sin entrar en intimidades ni en detalles.

Al fin me decidí a repetirle la frase irreverente de mi amigo, asegurándole que yo contaba con su locura para conocer la verdadera historia del Parnaso.

—¿La historia del Parnaso? El Parnaso no tiene historia y en cuanto a las anécdotas que se refieren a la formación de la pléyade y a cada uno de los que formamos parte de ella, nadie puede agregar una palabra a lo que Mendés ha dicho en su *Leyende du Parnasse Contemporain*. Yo no he contado nunca ninguna historia del Parnaso; pero en realidad, cada vez que hablo de mí mismo, de mis obras, de mi juventud, tengo que referirme al Parnaso. En el fondo su amigo de usted lleva razón... ¿por qué negarlo? nada me es tan grato como nombrar a mis amigos y la pléyade fue para mí un círculo de camaradas del alma... Catulle Mendés sobre todo... y mi pobre Verlaine... ¡cuando me acuerdo que mi primer libro apareció el mismo día que los *Poemas saturnianos*!... Sí; yo les he querido como a hermanos, con todo el corazón.

¿Sabe usted quién fue mi verdadero maestro? ¡Mendés! Él leyó mis primeros versos, los versos que yo escribía en el grave papel del Ministerio de la Guerra y que eran frívolas estrofas de amor. Yo era muy tímido entonces y si no hubiera sido porque el joven poeta de *Filomela* que a los dieciocho años ya era autor de una comedia y director de una revista me inspiró gran confianza y gran simpatía, hubiera guardado mis pobres poemas Dios sabe hasta cuándo... Pero Catulle es irresistible como una mujer; los que le tratan le quieren ardientemente o le aborrecen de un modo sincero; es lo que se llama un encantador... ¿no le conoce usted?... él leyó mis versos y echó muchos al fuego y otros los hizo publicar en un periódico de Arsenio Hussaye; luego me dio consejos, me indicó los libros que era necesario leer y me hizo conocer a sus amigos y a sus maestros, a Baudelaire, a Victor Hugo, a Leconte de Lisle, a Teodoro de Banville: el que más me quiso y a quien yo más quise fue a este último cuyo nombre, cuyo talento y cuyo carácter me entusiasmaron siempre: en su casa hospitalaria y sencilla hemos pasado todos los parnasianos las horas más agradables de nuestra vida; su amabilidad fue más útil para unirnos que la austera majestad del autor de los *Poemas bárbaros*. En casa de Leconte de Lisle se ponían de acuerdo nuestros cerebros; en casa de Banville se unían nuestras almas: allí todos estábamos con confianza, allí Catulle Mendés, Armand Silvestre, Sully Prudhomme, Verlaine, Mallarmé, Heredia, todos en fin, reían, amaban y cantaban. Todos parecíamos los hijos del maestro... Luego en casa de Mendés preparábamos nuestras estratagemas de prensa y nuestras combinaciones editoriales, gracias a las botellas de vino, a veces de champaña, que el joven poeta ponía a nuestra disposición y que nos hacían soñar en la quincuagésima edición, en la centésima representación, en los treinta mil francos de los contratos del *Figaro*, en todo lo que por la mañana no nos parecía sino sueños imposibles. Solo la Academia con sus palmas verdes y sus espadas de hojalata no formó nunca parte de nuestras locas visiones, porque para nosotros la Academia era entonces un hospital de viejos tontos... ¡quién iba a decir que más tarde algunos de nosotros íbamos a entrar en ese hospital!... Verdad es que ya entramos viejos... Lemerre también contribuyó a nuestra solidaridad literaria: él lo editaba todo, y así teniendo el mismo editor y viendo nuestros libros impresos en el mismo papel, con la misma elegancia, las rivalidades de esa especie, que tan frecuentes son en el mundo de las letras, estaban suprimidas de antemano. Lemerre fue nuestro gran protector y por eso todos le consideramos como a un amigo y casi todos seguimos dándole nuestras obras. En París se le llama el editor de la escuela parnasiana; pero eso es falso; la escuela parnasiana no existió nunca; nuestro grupo no fue una escuela sino una pléyade de poetas amigos, sin compromisos, unidos únicamente por la simpatía y por el talento...

Y así fue como François Coppée me contó una mañana de verano, en pocas palabras y asegurándome que no existía, la historia del Parnaso Contemporáneo.

Diciembre de 1896

Una visita a Max Nordau

A D. J. M. Herrera Irigoyen

Cuando Augusto Dietrich publicó en francés los dos enormes volúmenes de *Degeneración*, algunos cronistas parisienses hablaron de Max Nordau como de uno de esos profesores eruditos y malhumorados que trabajan pacientemente bajo la sombra fría de los claustros universitarios de Alemania. «Para comprender el origen de este enorme manicomio literario —dijo entonces un cronista del bulevar— sería necesario ver al autor, hablar con él, investigar sus rencores, sus simpatías y sus caprichos... Lo malo es que nuestros fiacres no van hasta Silesia...»

Sin ir tan lejos y sin tomar coche, yo tuve ayer el gusto de pasar una hora en casa del ilustre rival de Lombroso.

***

Max Nordau vive en París desde hace quince años. Vive en el barrio elegante de los pintores a la moda y de los grandes escultores, en la avenida de Villiers, entre Luque, el simpático dibujante español, y Mounckazis, el célebre colorista austriaco.

En su puerta hay una plancha de metal que dice: «doctor Nordau —médico— de la una a las dos.» Su gabinete de trabajo es una pieza muy estrecha y muy sencilla, en la cual los muebles desaparecen bajo una infinidad de libros, de periódicos y de manuscritos. Cuando una fámula que parecía escapada de un álbum de *Caprichos* de Goya, me introdujo en esta pieza, el maestro estaba hojeando los tres últimos libros italianos y portugueses que hablan de él y de su obra. «Max Nordau —dice uno de los tres libros— parece una sierra que trata de cortar y que sin saber cuál es el buen pedazo o el mal pedazo, hace uno de sus dientes, y corta sin escrúpulo, y corta sin talento y corta sin gracia.» —Todo eso en portugués y en verso, hacía reír a carcajadas al autor de las *Mentiras convencionales*.

* * *

Porque Max Nordau, que, como mis lectores ven, no es catedrático en ninguna Universidad de Silesia, tampoco es, ni con mucho, un erudito viejo y mal humorado. En sus obras serias puede aparecer como un apóstol algo pedante y demasiado austero; mas en la intimidad hospitalaria de su gabinete, «entre cuatro ojos», como él suele decir, su figura resulta agradable. Físicamente se parece al Campoamor de hace diez años cuya barba blanca encuadraba una faz sonrosada y risueña de adolescente.

Su manera de hablar es más bien irónica y persuasiva que dogmática. Todos los vicios, todos los ataques, todas las envidias, encuentran en su análisis familiar una sonrisa de perdón bondadosa. Lo único que para él no admite ni bromas, ni tolerancias, es la degeneración filosófica y moral.

Así, mientras nuestra conversación relativa a España se circunscribió a hablar de los campesinos castellanos, que según su expresión «son dignos de la Edad Media», de los museos madrileños que dejan mucho que desear como orden y cuidado, de los ferrocarriles, de todas las provincias, de las maravillas de Toledo, del encanto de Córdoba, etc., sus censuras fueron tan ligeras como fueron entusiastas sus elogios. Pero desde que llegamos a la filosofía y a la literatura, su verbo se enardeció:

—Las letras y las ciencias españolas —me dijo— están en completa decadencia y en completa degeneración. Italia misma, con valer relativamente poco, vale infinitamente más

154

que España. En Italia hay una ciencia y una literatura, sostenidas y cultivadas por los Garófalos, por los Lombrosos, por los Fogájaros, por los Amicis, por los Farinas... Amicis, en sus primeras obras, es una verdadera maravilla de estilo y de fuerza... y además de éstos hay otros muchos, aun sin contar a los degenerados imitadores y locos, como ese pobre Gabriel D'Annunzio. —En España nada o casi nada de eso. La filosofía de moda en Madrid, el «krausismo» es uno de los síntomas de la decadencia. —Krause es un pobre hombre; en Alemania estoy seguro de que ni aun los profesores de metafísica le conocen; yo le considero como un discípulo de quinta clase de Kant. Y sin embargo los españoles le comentan, lo estudian y lo admiran. Mi amigo Salmerón, que es un hombre de mérito real a pesar de su oscuridad, me ha hecho sonreír muchas veces hablándome de él como de un ser sobrenatural... ¡Verdaderamente es curioso, muy curioso, eso de que ustedes tengan una filosofía krausista!... La literatura vale en España más que la ciencia, pero ¿vale mucho? Yo no me atrevo a responderle a usted francamente. En cierta época hubo una tendencia realista que fue casi una escuela; hoy ni eso; artículos de periódicos, y novelas, y muy pocos versos; casi ningún libro de teoría y de ideas. En Portugal mismo hay un movimiento que quizás no sea más importante en el fondo, pero que es más compacto, más visible, más nuevo sobre todo.

¿Conoce usted las obras de Pérez Galdós, de Pereda, de Clarín?... —le pregunté.

—Sí —me respondió— esos escritores tienen talento; la señora Pardo Bazán también tiene talento, mucho talento, y también mi amigo Blasco que es uno de los hombres más agradables y más modestos del mundo, y Ortega Munilla, y Picón... Pero ésas son inteligencias aisladas que no forman lo que se llama una generación brillante. Castelar mismo, con valer mucho, es inferior a Edmundo de Amicis.

***

Como hasta entonces solo habíamos hablado en francés, ocurrióseme preguntarle si había leído en español las obras notables de nuestra literatura contemporánea.

—Sí señor —me contestó en castellano puro y corriente— sí, señor; yo conozco el español bastante bien para que en las provincias de Castilla algunas personas me hayan preguntado si era andaluz. Después de todo esto no tiene, en mí, ningún mérito. Mi familia es descendiente de los judíos españoles que fueron expulsados en el siglo XVI; y, como usted sabe, los israelitas de la península han conservado, a través de los siglos y de las persecuciones, su lengua primitiva. Yo, pues, soy algo español, de lo cual me enorgullecería si tuviese fe en el patriotismo y si no estuviera seguro de que las nacionalidades y las fronteras políticas son mentiras convencionales y seculares. España —las Españas, mejor dicho— son un país en cuyo porvenir creo firmemente, no solo por instinto de simpatía, sino porque en mis estudios del pueblo ibero he descubierto una fuerza moral verdaderamente intensa.

Una de las cosas que con más curiosidad deseaba yo saber era si, según el autor de *Degeneración*, Pompeyo Gener «resultaba», o no, en su último libro, un crítico original. Desgraciadamente mis dudas siguen siendo las mismas, pues Max Nordau no quiso responder a mis preguntas sobre el «caso» de *Literaturas malsanas*, sino por medio de sonrisas muy discretas... y quizás también muy irónicas.

156

***

A los que el gran crítico sí acusa de robo, de robo verdadero, es a los editores que en España, en América y en otros varios países han publicado algunas de sus obras.

—En Madrid —me dijo— se han vendido varias ediciones de mis *Mentiras convencionales*, pero para mí es como si no se hubiese vendido ninguna, porque jamás he visto un cuarto de lo que en buena justicia me pertenece por derechos de traducción. Mi novela titulada *Mal del siglo*, en cambio, ha sido traducida de una manera magistral por Salmerón y publicada honradamente. Las ediciones de América, nunca me han producido nada: en el Brasil, donde según parece hay muchos aficionados a mi literatura, se han hecho publicaciones de lujo de libros míos que aún no están publicados en francés, como *Paradojas*, y los editores no se han tomado ni aun el trabajo de enviarme un ejemplar. No así en Inglaterra ni en Italia, países en los cuales la propiedad literaria es respetada siempre. Mas los Estados Unidos, y los países de Oriente, y aun algunas posesiones inglesas, son peores, si cabe, que el Brasil en cuestiones de seriedad editorial. Los que siempre han sido corteses para conmigo, en todas partes del mundo, son los críticos. Vea usted; vea usted...

Y abriendo un inmenso cajón de su escritorio, me enseñó la infinidad de artículos relativos a sus obras, que había recibido últimamente.

...Aquí —siguió diciéndome— hay elogios y censuras en todas las lenguas del mundo, hasta en chino, hasta en latín... En Francia solo, se han escrito en estos últimos cuatro años más de mil doscientos artículos en los cuales se habla de mí; en Alemania más aún; en Italia infinitamente menos, pero siempre muchos. En cuanto a España, pocos, muy pocos; pero algunos excelentes, lo mismo que en América. Ya ve usted, pues, que no tengo de qué quejarme: estoy contento de mí mismo hasta donde uno puede estarlo; estoy contentísimo de los demás, y soy, por sistema, enemigo del pesimismo. Mi divisa podría ser la frase latina: *Dum spiro sperd...* Sí; mientras pueda respirar, y trabajar, y creer en el porvenir de la ciencia, tendré esperanzas, lo que equivale a tener dichas. ¿Por qué dudar? ¿Por qué acobardarse? Es tan bello vivir, obrar y esperar.

Abril de 1896

Una visita a Augusto Strindberg

—...De la Academia española —me dijo Strindberg cuando hubo leído la carta de presentación que un amigo me había dado para él—, de la Academia Española... miembro correspondiente... es curioso...

Y sin darme tiempo para responderle, volvióse de espaldas y comenzó a buscar algo entre los papeles de su escritorio.

Luego se puso de pie y enseñándome una carta me preguntó:

—¿Cree usted que cuando alguien recibe una carta de una Academia, en la cual se le llama miembro correspondiente, la cosa es seria?

—Sí, señor.

—...Es curioso, porque entonces yo también soy miembro de la Academia de la Historia de Madrid... verdaderamente es curioso... y raro.

Yo aproveché la ocasión para asegurarle que los españoles instruidos le conocían y le admiraban; que desde que Echegaray había traducido una obra de Ibsen, todos los periódicos literarios de Madrid se ocupaban en dar a conocer las producciones del genio escandinavo; que los jóvenes, en fin le consideraban como a uno de los apóstoles del Arte Nuevo.

Él parecía no oírme; y siguiendo el hilo de su sueño, continuó:

—... ¿Miembro de la Academia de la Historia?... Es cierto que hace algún tiempo envié a esa Corporación una memoria sobre las relaciones entre los países escandinavos y la nación ibérica; pero eso no vale la pena... ¡Son tan bondadosos los españoles!... Ayer justamente recibí una carta del señor Grant en la cual me anuncia que el casino de Barcelona me enviará pronto como regalo literario, una escribanía de plata.

Un instante de silencio.

Enseguida una nueva frase sobre la galantería española.

****

Strindberg realiza, de una manera perfecta, el tipo ideal del hombre del Norte. Es alto, demasiado alto quizás, y muy grueso: su cabellera mal peinada es rubia y espesa; sus ojos son claros y su frente enorme. Habla poco, con una voz monótona, sin ademanes, sin movimientos, sin entonación, midiendo siempre sus palabras y tratando de dar a su frase un corte lapidario y rítmico.

Su habitación —su home como ahora se dice en París— es una verdadera celda en la cual no hay sino una cama de hierro y una mesa de trabajo. Él, no obstante, cree que su ventana es el más bello mirador del mundo porque da sobre un jardín conventual.

—Los conventos —dice— son el más seguro aliciente para el trabajo. Cuando vuelvo a casa tarde, sin ganas de escribir, me asomo a esa ventana y pienso que detrás de esos árboles hay una comunidad que ignora lo que es el ocio: y me figuro que este cuarto forma parte del monasterio, y trabajo pacientemente, como un benedictino, hasta que las fuerzas materiales me abandonan. Para hacer una labor sana y fecunda, sería necesario vivir en un antiguo claustro... ¿Conoce usted a Huysmans?

—Sí, le conozco.

—Según parece vive en un convento laicisado.

—En efecto.

—Si yo pudiese conseguir una habitación en la misma casa, produciría más y mejor que en ninguna otra parte.

****

Strindberg ha contado la historia de su vida en una novela autobiográfica.

Siendo hijo de un obrero y de una criada de servicio, heredó de sus padres «el sentimiento plebeyo.» Durante los primeros lustros de su vida, solo quiso pensar en el encanto de los talleres y en la libertad de la vida humilde. Luego vióse encerrado, gracias a la protección del rey Carlos, en un instituto aristocrático, donde adquirió el odio de la plebe, sin perder en absoluto el amor a la democracia. De allí sus primeros conflictos filosóficos, sus primeras luchas secretas y sus primeras tristezas íntimas.

Al salir del colegio puso en un lado de la balanza los instintos y en otro las aficiones. La reflexión dio algún peso a los primeros, y el platillo se inclinó del lado del rey; pero enseguida el sentimiento torció por completo el fiel hacia la parte contraria, y Strindberg tuvo necesidad de cambiar su toca cortesana por un gorro liberal. Entonces fue cuando aparecieron, en un diario demagogo de Estocolmo, sus artículos contra la monarquía; entonces fue, también, cuando los conservadores suecos le dijeron: «Tú, que eres espuma de la clase baja y piedra del torrente vil recogida por manos caritativas y pulida por obra de la caridad, no tienes derecho a gritar contra la corona. El rey, nuestro señor, te dio luz de ciencia que tú tratas hoy de aprovechar para meter fuego a las instituciones; la nobleza salvó tu cerebro del embrutecimiento dándote la fuerza mental que tratas hoy de emplear para atacar los fueros. Eso prueba que los pecheros son siempre infames, que la plebe es siempre ingrata, que los descamisados son siempre crueles.» —En vez de amedrentarse, Strindberg siguió andando por el mundo de la política libre. Y atravesó una ruta de abrojos que se llama Desprecio, y pasó por mil aldeas que se llaman Desconocimiento; hasta que, cansado de la actividad infecunda, quiso refugiarse en el seno de la Especulación Pura.

Llamó a la puerta de la Filosofía. Un ujier vino a abrirle, y le dijo:

—¿Qué buscas?

—Busco la Verdad.

—Entonces aléjate, porque aquí solo conocemos la Incertidumbre.

—Sin embargo, vuestro castillo es inmenso y tiene mil rincones desconocidos en los cuales me sería tal vez posible encontrar a la ninfa deseada.

—¿Hablas seriamente?

—Hablo con el alma.

—Pues entra y trata de hacerte conducir por la Fe que es la única que puede penetrar en las estancias. ¿Conoces a esa conductora secular?

—Sí; la traigo conmigo.

Su compañera, en efecto, fue enseñándole todo.

—Aquí —le dijo al encontrarse en la primera estancia— se encuentra la Verdad. Mírala. Tiene los ojos azules y el cuerpo blanco. Se llama Venus.

Su hijo es el Amor. Hasta hoy nadie ha logrado sobrepasarla en pureza de hermosura y en armonía de pensamiento. Todas las palabras que brotan de sus labios son dulces; todas sus actitudes son rítmicas; todas sus miradas son luminosas. Ponte de rodillas y adórala.

Arrodillóse Strindberg y comenzó a orar; pero aún no había llegado al fin de su plegaria, cuando la Fe volvió a hablarle.

Y le dijo:

—Levántate. Ven a esta otra estancia. Mira lo que hay en el fondo... ¿Ves algo? Es una imagen sin mancha, cuyos ojos consuelan y cuyos labios alientan; es la imagen de María, nuestra señora, vida y esperanza, torre de marfil, madre de misericordia, vaso sagrado, rosa mítica. Su busto no es amplio, pero es delicado; su actitud no es majestuosa, pero es tierna: su rostro no es fresco, pero es divino. Parece triste porque sus mejillas están llenas de lágrimas; mas en el centro de sus pupilas hay un foco inextinguible de ventura divina, que alegra los corazones... Cree en ella.

—Alabada seas por los siglos de los siglos —iba a decir Strindberg, cuando la Fe le hizo una nueva seña y le mostró, con el dedo, otras figuras que también eran dignas de adoración exclusiva.

—Esa es la ciencia —le dijo— y solo ante ella debe uno inclinarse; y ésa es la Libertad que no tiene rival; y ésa es la Naturaleza cuya gloria brilla más que ninguna gloria; y ésa es la Calma, ésa es la Pasión... Adóralas.

Cuando el cortejo hubo acabado de pasar.

Strindberg se convenció de que siendo todo Verdad, todo tenía, al mismo tiempo que ser Mentira, y entonces pudo pronunciar la frase siguiente, que es el resumen de sus ideas definitivas: «¡Nada es bello, nada es bueno, nada es moral. El Universo Filosófico no existe. Lo único que tiene un sentido justo, en el mundo, es la palabra NIHIL!»

* * *

Su nihilismo, empero, fue un nihilismo idealista.

Después de dudar literariamente y de negar de una manera metafísica, Strindberg ha llegado a refugiarse en la árida colina de las ciencias naturales.

—No me hable usted de literatura; la literatura no existe para mí —me dijo—; lo único que me interesa es la ciencia. Oiga usted el prólogo de mi *Grande obra*.

Y comenzó a leerme, pausadamente, las primeras líneas de su libro definitivo: «Al llegar a la mitad del camino de la

Vida, me siento para descansar y meditar. Todo lo que mi audacia deseaba, todo lo que anhelaba mi imaginación, lo he conseguido. Y hoy lleno de vergüenza y de honras, de alegrías y de sufrimientos, me pregunto hoy: ¿qué hay más allá? —Todo se repetía con una monotonía desesperante; todo se parecía a todo. Los antiguos sabios dijeron: "El universo no tiene ya secretos". Y las generaciones que insultaban a Dios, se inclinaban ante la Ciencia. Y la Ciencia, que debiera ser la Libertad, era la Tiranía. Y yo que veía todo eso, creí que no me quedaba sino un recurso: el suicidio. Pero un instante antes de llevarme a los labios la copa salvadora, oí una voz que me aconsejaba. Y así comprendí que el secreto del Universo no había aún sido descubierto y enseguida me fui por los grandes caminos, a veces solo, a veces acompañado, con el objeto de meditar sobre el gran desorden y en la coherencia infinita. Mi libro es el libro del desorden y de la coherencia.»

Mis lectores descubrirán fácilmente, en las líneas anteriores, algo que, aun siendo muy serio, carece de la sequedad de los modernos tratados científicos.

Strindberg, en efecto, sigue siendo a pesar de su desprecio por la literatura, un poeta que no ve, en los hechos, sino el color raro, el aspecto extraordinario y la forma maravillosa. Su último descubrimiento es «la composición y la descomposición del azufre»; sus principios son principios alquimistas que niegan la existencia de los cuerpos simples; sus obras científicas contienen capítulos titulados *La cabeza del muerto o misticismo racional*; sus estudios austeros concluyen a veces asegurando que la vida y la muerte son idénticas y que solo la energía es inmortal.

—El milagro —dice— es una de las grandes realidades del Universo; sin el milagro nunca el gusano se convertiría en mariposa. El capricho mismo es una ley natural que da a ciertos insectos, como el *aquerontia atropas*, una forma mística y macabra.

***

Este soplo que anima hoy sus invenciones científicas, es el mismo que dio vida en otro tiempo a sus partos artísticos.

Sus dramas estriban siempre en una paradoja sentimental. *La señorita Julia*, *Los acreedores* y *El padre* son obras antiibsenianas, en las cuales el poeta sueco trata de probar al apóstol noruego, que las Noras y las Rebecas pierden todo el encanto de su sexo al tratar de ser libres y de pensar por cuenta propia.

El padre, especialmente, ha dado a Strindberg una fama universal del misógino rabioso, por lo cual me pareció interesante pedirle su opinión sobre la mujer.

He aquí su respuesta:

Yo no soy enemigo de la mujer, de la mujer verdadera, dulce o violenta, rubia o morena, triste o alegre; lo que me parece repugnante es la mujer que estudia medicina o que habla a su marido como Rebeca habla a Rosmer o Nora a Torvaldo. He estado casado dos veces; he tenido cinco hijos y siempre me he sentido atraído por las mujeres bonitas.

Así, pues, los que me llaman «El Enemigo del sexo débil», no son sino puros mentecatos. La mujer debe seguir siendo «la compañera del hombre», pero no convertirse en «la rival del hombre», pues por ese camino llegaríamos a vivir en una sociedad de andróginos sin sexo, hasta que una revolución violenta dividiese a la sociedad en dos partes y pusiese de un lado «Sodoma» y del otro «Gomorra.»

***

Una anécdota acabará de dar a conocer el carácter de Strindberg. Como en el curso de nuestra conversación yo le pre-

165

gunté si conocía personalmente a Ibsen, púsose encarnado y me dijo:

—Ibsen y yo somos enemigos.

—Enemigos literarios...

—No; en nuestra tierra no hay enemigos literarios: en Escandinavia el que escribe lo hace con objeto de ser útil a la humanidad, de modo que si alguien predica doctrinas contrarias a las suyas se convierte en enemigo de los hombres en general y suyo en particular... Ibsen, para mí, es un ser odioso.

—Sin embargo, Bjornsterne e Ibsen son enemigos literarios, lo cual no impide que la hija del primero se haya casado con el hijo del segundo.

—No importa y yo estoy seguro de que tanto Ibsen como Bjornsterne son bastante caballeros para haber maldecido esa unión... Pero... qué quiere usted... el amor es más fuerte que el odio...

Marzo de 1896

Una visita a J. K. Huysmans

Para Pedro Emilio Coll al subir la escalera estrecha, oscura, casi conventual, que conduce a la buhardilla del autor de *Là Bas*, me acordé de una de las últimas cartas del poeta de *Nieve*: «Dos cosas —decíame— me hacen aún desear que la muerte no venga pronto; dos cosas que te harían reír y que sin embargo son sagradas para mí: abrazar a Verlaine y darle la mano a Huysmans.»

Así, al encontrarme en la estancia reducida y modesta en que el gran novelista francés recibe a sus amigos, lo primero que hice fue hablarle del pobre gran poeta americano que con tanto ardor le admiró durante su existencia y que murió pensando en él.

—¿Julián del Casal?... ¿Un Poeta?

Naturalmente Huysmans no le conocía —¿quién conoce, en Francia, a los que escriben versos en América?—. Pero no importa; yo creía llenar un deber casi sagrado contándole la historia dolorosa de ese espíritu raro que nació en Cuba por causalidad y que vivió en un mundo de visiones y de ideas, fuera del tiempo y del espacio.

Huysmans me oyó pacientemente.

Luego, para hacerme ver que no le interesaba ni mucho ni poco lo que le refería, me cortó la palabra diciéndome:

—La literatura española es muy interesante; sobre todo la literatura mística. Yo suelo recibir cartas de algunos trapenses castellanos en las cuales hay indicaciones de gran valor sobre los autores religiosos del Siglo de Oro. ¿Creerá usted una cosa? Para mí Cervantes es muy grande, es un novelista extraordinario, un poeta genial; pero no es «Único.» Santa Teresa sí es única y sin rival. En ninguna literatura hay nada comparable con ella...

¡*Las Moradas*!... ¿ha leído usted *Las Moradas*?... ¡y las *Cartas*!... Las *Cartas* son divinas en la verdadera acepción de la palabra. Leyendo las obras de esa santa se comprende que España sea uno de los países más católicos del mundo...

Todo eso dicho sin pasión, sin entusiasmo, casi sin mover los labios eternamente sonrientes y eternamente desdeñosos.

En verdad, yo me encontraba a mi gusto en esa atmósfera de amabilidad helada.

* * *

Huysmans no es lo que suele llamarse «el hombre de sus libros» o por lo menos de sus grandes libros. —Su figura no hace pensar en ninguna de las figuras importantes de sus novelas. La fisonomía de Des Esseintes es el polo opuesto de su fisonomía. Durtal no tiene con él ningún punto de contacto exterior. Entre sus creaciones la única que se le asemeja es el héroe de *A vau-l'eau*, el funcionario aburrido y cortés que vivía burguesamente, lo más burguesamente posible.

Alto, delgado, con el pelo blanco cortado a punta de tijera, con la barba ya florida, con el rostro sonrosado y lleno de salud, lo único que en su fisonomía parece vivir y moverse son los labios, esos labios finos, carnosos, irónicos, desconcertantes.

Su gabinete de trabajo, del cual muchos cronistas han hablado como de una capilla oculta y singular, es una pieza estrecha y alta en la cual no hay más que un sofá, dos o tres sillas, una mesa de pino y unos cuantos estantes llenos de libros.

Su lujo y su orgullo son los libros. —A todo el que va a verle le enseña las ediciones raras de misales antiguos y de viejos cronicones históricos que posee.

—Esta obra —me dijo mostrándome un incunable encuadernado en pergamino—, es una Leyenda dorada del siglo

168

XIII; no es una impresión, ni una copia, es un manuscrito original, uno de los más bellos manuscritos de la época.

Y sin volver los ojos hacia mí, acariciando el lomo venerable de su tesoro bibliofílico, continuó como si hablase consigo mismo:

—En otro tiempo hace treinta años, era fácil encontrar perlas y diamantes perdidos entre la infinidad de cuadernos de clase que llenan las cajas de los libreros del muelle. Todos sus buenos libros, Anatole France los compró allí por dos pesetas.

Yo también los compré allí, todos mis buenos libros. Pero esa época desapareció ya por completo y hoy el más ignorante de los *bouquinistes* sabe lo que vale cada página rara, cada encuadernación arcaica, cada miniatura original... Es uno de los servicios que los yankees nos han prestado, viniendo a comprar a precio de oro todo lo que huele a recuerdo histórico... ¡Y pensar que los banqueros de Nueva York tienen en sus bibliotecas varias centenas de incunables que nunca abren y que podrían ser tan útiles en el armario de un artista!... Son las gracias de nuestro siglo... Un siglo encantador ¿no es cierto?... Un siglo de billetes de banco, en el cual para conquistar el derecho de tener ideas, de tener creencias y aun de tener libros, es necesario ser hijo de un mercader de salchichas.

***

De pronto dejó su biblia y dirigiéndose hacia la chimenea en donde había dos grupos esculpidos en madera:

—Es como las reliquias artísticas —prosiguió—. Esto no tenía ningún valor en otro tiempo; todo el mundo prefería los mármoles de pacotilla y los bronces comerciales. Pero ahora, por el contrario, el lujo, el *chic* de los *snobs*, consiste en rodearse de fragmentos de antiguas butacas religiosas y de figuras de viejos retablos. Estas figuras, por ejemplo, que en mi juventud no hubieran producido ni siquiera un duro, valen hoy, gracias al entusiasmo estúpido de millonarios incapaces de comprender la belleza del trabajo y solo por ser antiguas, una verdadera fortuna... Allí están... ¡Ya ha habido banquero que pretenda comprármelos... para su salón... eso es, para ponerlos junto al último cuadro de Gerome... ¡oh armonía!... ¡oh gusto contemporáneo!

Durante media hora mi curiosidad no obtuvo, para alimentarse, sino monosílabos, respuestas evasivas, frases rápidas, nada, en fin, que fuese parecido a esos párrafos largos llenos de digresiones y repletos de ingenuidad bondadosa, con los cuales los literatos, en general suelen contestar a las más insignificantes preguntas.

¿Trabajaba mucho? —Sí; sí trabajaba; todos los días ¿quién no trabaja?... sobre todo en buscar documentos... ¿Y el naturalismo? El naturalismo había muerto. Zola quedaba, y mientras Zola quedase algo habría; pero nada de escuela de la Realidad. ¿Acaso pueden establecerse reglas sobre la Naturaleza?

—¿Era cierto que el conde Roberto de Montesquiou de Fezensac le había servido de modelo para dibujar el retrato de Des Esseintes? Tal vez, puesto que todo el mundo lo aseguraba; pero ¿se hacen tipos completos con solo un hombre? La leyenda se lo atribuía todo a Montesquiou; Montesquiou debió contentarse con la leyenda y no publicar libros estúpidos.

¿Había renunciado por completo a la crítica de arte?

Por completo no, quizás no; pero en todo caso había renunciado desde hacía largo tiempo. El mundo del arte moderno estaba lleno de nulidades presuntuosas, de ídolos falsos; era necesario luchar, al escribir; era imposible hablar de una exposición sin decir mil atrocidades de varios artistas ¿y quién oía estas atrocidades con buena fe? todo el mundo se figuraba que eran venganzas personales... la crítica de arte era realmente empresa difícil.

***

Al ver la sequedad, un si es no es, mal humorada con que el gran novelista respondía mis preguntas, ocurrióseme hablarle de algunos amigos míos por quienes él siempre ha tenido gran simpatía —le hablé de Louis Le Cardonnel y de Jules Bois y le dije que ellos me habían aconsejado que pasara a verle.

Su contestación fue idéntica a las anteriores.

—Le Cardonnel y Bois son dos excelentes amigos; a Bois le veo muy a menudo; Le Cardonel hace ya mucho tiempo que no viene a visitarme. Salúdeles usted de mi parte.

Ya yo me preparaba a marcharme, sintiendo profundamente no llevar de mi visita ninguna de esas impresiones de intimidad que dan a las siluetas literarias su verdadero interés; ya estábamos en la puerta; ya él me había dicho «hasta luego» y yo «adiós» cuando recordé que los periódicos de París acababan de anunciar la próxima publicación de la tercera parte de *Là Bas*. ¿Por qué no pedirle, pues, algunos detalles sobre su libro en preparación?

—Y la continuación de *En Route* —le dije— ¿aparecerá pronto?

—No —repuso— aún no he comenzado a escribirla. Pero ya la tengo casi concluida en el pensamiento y apenas me faltan algunos documentos, muy pocos, los menos importantes, para principiar a darle forma. Yo no trabajo como mis colegas en general; mis libros son verdaderos estudios, estudios pacientes y enormes colecciones de casos psicológicos, analizados con conciencia y unidos lógicamente en intrigas sin interés exterior. Para confeccionar *Là Bas* tuve que leer, que descifrar, que traducir una infinidad de libros

171

sobre el ocultismo en la Edad Media; tuve que ponerme al corriente del satanismo moderno, verlo todo con mis propios ojos y buscar manuscritos ignorados en los cuales nuestros contemporáneos ocultistas han anotado los misterios del culto parisiense; además tuve que reconstruir la historia de Gil de Retz, Barba Azul, trabajando en los archivos. *En Route*, la segunda parte, también me costó muchos, muchos meses, algunos años de labor preparatoria, de estudios penosísimos sobre el canto sagrado, sobre la vida de los conventos, sobre los místicos antiguos, sobre los rituales religiosos y sobre el carácter íntimo del clero. La tercera parte que ahora preparo, se titula *La catedral* y será una obra relativa a las iglesias góticas de Francia, y a la influencia que la arquitectura, la pintura y la escultura ejercen en una alma atormentada como el alma de Durtal.

Hablando de su nueva creación, de la obra que en esos momentos absorbía toda su actividad de artista, Huysmans llegó a enardecerse. Y de pie, en la puerta de su casa, continuó:

—...Porque la música no bastó a Durtal para convertirse por completo. La acción de *La catedral* no será sino un paso más en el camino de esa conversión, casi nada como fábula exterior; todo sucederá adentro en el alma del héroe. Y a verá usted... Durtal, al salir del convento de Trapenses, va a pasar algunos días en Chartres para visitar a su amigo el arzobispo; la vida provincial de una ciudad, tranquila, sin comercio, sin obreros casi, produce en su corazón un gran alivio; luego la gran iglesia de la ciudad, que sin duda es la más bella y la más pura joya del arte gótico, le seduce por completo; al cabo de algún tiempo de meditaciones y de contemplaciones, vuelve al claustro; pero no pronuncia aún sus votos definitivos... eso será en el otro libro, en el cuarto de la serie, en *El oblato*. Y a ve usted, pues, que en *La catedral* no hay movimiento ninguno de personajes; el escenario no me costará muchos desvelos, cuatro o seis meses de labor a lo más. Lo que sí me costó trabajo, mucho trabajo, fue descubrir, en las páginas antiguas sobre el arte y en los lienzos mismos de la Edad Media, el sentido simbólico de los colores empleados por los artistas primitivos. Antiguamente cada matiz representaba una idea o un sentimiento. Y fíjese usted en los cuadros de fra Angélico: todos son color de rosa, blancos, verdes; pero nunca son morados, ni grises, porque estos colores representaban imágenes diabólicas, imágenes de dolor y de exorcismo... Ya verá usted mi libro; creo que mi estudio es completo y en todo caso estoy seguro de que es profundo y sincero, sobre todo sincero... ya lo verá usted...

Noviembre de 1896

Una visita a Alfonso Daudet

Al verle así, recostado, casi hundido en un sofá, entre cojines de seda y mantas orientales, inmóvil, con el rostro pálido y enflaquecido, con las manos paralizadas sobre el pecho, tuve intenciones de volverme atrás sin decir una palabra.

«Está muerto —pensé— está enteramente muerto ¡pobre gran hombre! su rostro demacrado no da señal ninguna de vida... ¡no hay duda de que está muerto!»

Pero no...

—Siéntese usted.

¡Era él quien hablaba; él cuyos labios casi blancos se movían entre la sombra rubia de la barba!

—...Siéntese usted.

Luego un silencio que sin duda duró un minuto y que a mí se me figuró una eternidad. Enseguida un movimiento impaciente de brazos que buscaban un punto de apoyo. Por último, una voz lejana que decía:

—Perdone usted; pero los enfermos se toman ciertas prerrogativas... tienen ciertos derechos que todo el mundo no tiene y que se les debe perdonar por lo mucho que sufren, moralmente sobre todo...

Una voz lejana, sí, pero armoniosa, musical; con notas femeniles, con un sonoro de canto y variaciones infantiles en el acento.

***

Poco a poco, el maestro había logrado sentarse en su sofá. Y con voz melodiosa, sin vibraciones y sin energías, ¡pero tan dulce! hablaba de mil y mil cosas, saltando de una anécdota a una reflexión y de un recuerdo a un juego de palabras. Hablaba del tiempo que hacía, ese otoño parisiense, claro y lleno de lodo, «como una perla sucia» hablaba de los libros nuevos «muchos libros, demasiados a veces, cuando uno ha llegado a los cincuenta años; pero muy pocos cuando uno tiene veinte y pretende conocerlo todo»; hablaba del teatro contemporáneo en el cual la parte de «espectáculo» es más importante que la parte literaria «un verdadero teatro para niños que desean ver cosas bonitas y para ancianos que necesitan ver labios pintados»; hablan del Mediodía, de sus primeras obras, de sus obras en preparación, de los críticos que más inteligentemente habían analizado su talento de la literatura nueva, «una literatura algo salvaje», del campo, en fin; de sus amigos, de sus padecimientos.

Y de todo, de lo más frívolo como de lo más serio, hablaba ligeramente, con enternecimientos que duraban el espacio de una frase y con ironías rápidas como un relámpago.

Lo que más parece retener la palabra de Daudet, son las anécdotas.

Se trata de André Gill, de su talento de caricaturista, de su vida triste y pobre, de su locura y de su muerte.

—Era un buen camarada —dice el autor de *Safo*— un amigo de juventud y ¿sabe usted? un gran talento. Hace treinta años fuimos como hermanos. ¡Pobrecito Gill!, un pobre bohemio sin nombre, Juan de Bois y yo nos paseábamos todos los domingos hace tiempo, dándonos el brazo, por las inmediaciones de París. Los que nos conocían nos llamaban «los cuatro sombreros» a causa de los enormes fieltros tiroleses que cubrían nuestras cabezas juveniles. Una mañana, de repente, uno de los sombreros desapareció, se hundió en el antro de la locura; luego bajó a la tumba. Quedábamos tres, Algunos meses más tarde de Bois perdió también la razón y poco después murió. Solo Gill y yo sobrevivíamos. Pasó un año. De pronto Gill fue encerrado en el manicomio de Charenton, de donde no salió sino para ir al cementerio. El único sombrero tirolés sobreviviente era el mío. Algunos años más... Una tarde, cuando yo reunía documentos vivos sobre la locura, para escribir mi *Evangelista,* el doctor Charcot me invitó a comer en compañía de sus internos; después de la comida el célebre médico me llevó a la Salpêtrière... Un gran jardín... algunos enfermos... En un extremo del hospicio una mujer nos sale al paso: «Buenas tardes», le dice al doctor, ¿no me reconoces?

—Sí —responde la loca— sí; y ese que va contigo, ¿quién es?

—Un amigo. La enferma se echa a reír sarcásticamente y volviéndose hacia mí, dice: «Tú eres un buen amigo y por eso te regalaré un gran sombrero tirolés!»

Contada por Daudet esta anécdota hace temblar materialmente, como una historia de Carlos Dickens o como un cuento de Edgardo Poe.

Luego, a propósito de la miseria de sus primeros años, otra anécdota, llena de sonrisas y de lágrimas, un capítulo de su vida de bohemia:

—Yo había publicado ya las *Amorosas* y aunque el público no las había leído, la crítica las elogiaba. «La pluma de Musset...» Decían que yo había heredado una de las dos plumas de Musset, la pluma del poeta... ¡qué curioso!... Y yo era casi célebre, pero no ganaba nada o casi nada. Un día un escultor se propuso hacer mi busto. Yo estaba contentísimo... ¡mi busto!... ya se me figuraba ver el yeso o la tierra cocida sobre mi pobre chimenea... ¡un busto!... Pero el escultor hizo más; hizo un mármol y me lo regaló. Yo hubiera querido guardarlo y sin duda lo habría guardado a no ser por el apetito... el apetito, ¿sabe usted?... ¡Qué demonio!...

En el zócalo un papel decía: «Alfonso Daudet.» Cambié el papel por otro en el cual puse: «Balzac joven...» y una tarde, después de no haber comido la víspera, vendí mi busto a un anticuario...

***

Daudet es hoy muy querido y muy admirado. La Academia Francesa trata de sentarle en uno de sus sillones. Los críticos serios de París no hablan nunca de sus obras sin respeto y simpatía. Mi querido maestro Clarín cree que si Zola no existiera, el autor del *Nabad* sería el novelista más notable del universo.

Pero al lado de los hombres entusiastas, hay una generación que sube, que invade poco a poco las columnas de las revistas, que comienza a llenar las vidrieras de los editores, una generación menos lírica que la generación de 1860 y que revisa con sequedad casi científica los fallos dictados anteriormente. Esta generación no tiene ningún respeto por Daudet.

«Daudet —ha dicho Charles Morice— es un folletinista que escribe para las costureras. Y Moréas ha jurado que Daudet es inferior a todo.»

Puras injusticias, o más bien puras cuestiones de punto de vista.

Como creador, como poeta, como cerebro, en fin, el padre de *Petit chose* no tiene nada de admirable; mas es en cambio, un cuentista encantador y un delicioso relator de anécdotas. ¿Qué más? Una infinidad de autores clásicos contra los cuales nadie se atrevería hoy a levantar la voz, no fueron otra cosa. ¿Qué fue, por ejemplo, el célebre Brantaume? Y entre la gracia del autor de las *Damas galantes* y la gracia del autor de *Safo*, me parece que hay alguna diferencia en favor de nuestro contemporáneo.

—Pecaire! —dice Daudet— ¿ha leído usted mis *Treinta años de París*, mis *Recuerdos de un hombre de letras*, mi *Petit chose*, mis *Cartas de mi molino*? Allí está todo lo que puedo decir de mi vida sin fastidiar a los demás. Y en mis otros libros también hay algo mío, algo de mi alma, algo de mi carácter, aunque no tanto como algunos pretenden. Últimamente he leído un artículo sobre *Safo* en el cual un cronista trata de probarme a mí mismo que todo Juan Goussin soy yo y que la pobre muchacha que vivió con él, fue una antigua amiga mía... Pecaire! Los cronistas no tienen miedo de nada... Cuando yo esté muerto podrán decir todo eso; pero ahora no, ¿por qué no esperan?... tal vez no esperarían largo tiempo si quisiesen esperar... Algo hay en todo lo que yo he escrito, que se refiere a mí mismo; nada más que algo... Nosotros hacemos novelas vívidas, escenas que hemos visto, cosas que hemos sentido y naturalmente dejamos una parte de nuestro ser en las páginas de un libro. Los jóvenes ya no ven nada: todo lo inventan, o mejor dicho todo lo descubren a través de otros libros. Yo sigo creyendo que nuestro procedimiento anticuado... ya... es menos falso que los flamantes métodos. Y la prueba... ¿quiere usted una prueba?... pues bien: no hay más que ver lo que hacen los pocos jóvenes que han conseguido ya cierta notoriedad. Esos jóvenes hacen como nosotros... ¡qué demonio!... en el fondo, todos trabajamos de un modo idéntico cuando somos sinceros; y en general los hombres de verdadero talento son siempre sinceros. Vea usted a Baudelaire, que fue un observador, un analista, un enamorado de cierta realidad rara y personalísima, pero muy real. Vea usted a los Goncourt... esos sí que han sido al mismo tiempo artistas extraordinarios, sutiles, delicados, modernos en toda la extensión de la palabra, y sinceros hasta la violencia y naturalistas hasta la inverosimilitud. Porque también la realidad tiene sus lados increíbles como la imaginación y aún más quizás que la imaginación, pues si en una novela de Alejandro Dumas nada nos choca, en las obras naturalistas y en la vida misma hay mil y una escenas que nos hacen decir: «¡parece mentira!» Y puede parecer mentira en efecto, pero no lo es. Así, los «malos naturalistas» no reproducen sino lo que «es posible», mientras que los buenos reproducen todos los aspectos de la existencia que pueden servirles para dar una idea exacta de la existencia misma con sus bellezas y sus horrores, sus lágrimas y sus risas.

***

Oyendo hablar a Daudet, la primera impresión que su figura me había producido, llegó a desvanecerse por completo.

No; ese hombre no estaba muerto, sino que, al contrario, vivía de una vida literaria verdaderamente intensa.

Lo único que al fin de mi visita seguía evocando la idea del sufrimiento y de la muerte, era el célebre retrato del autor de *Fromont Jeune* pintado por Carriére. —El rostro pálido, la actitud dolorosa, la cabellera enorme y mal peinada, los ojos hundidos, las manos exangües, todos los rasgos, en fin, y todos los detalles del retrato que decora el gabinete del maestro, son crueles y agonizantes.

Diciembre de 1896

El poeta de París (Catulle Mendés)

Ningún poeta, en ninguna época, en país ninguno, tuvo un destino comparable al de este Catulo parisiense. Sin duda los hubo más grandes y más gloriosos. Los hubo que dieron su nombre a un siglo, que impusieron sus ideas a un pueblo, que encarnaron el alma de una raza, que fueron pastores de innumerables rebaños de almas. Los hubo que fueron pontífices, que fueron patriarcas, que fueron reyes. Pero antes de que éste naciera, no los había habido aún, príncipe de todos los principados ideales.

Catulle Mendés es el primero a quien todos los maestros pudieron antaño considerar como discípulo y en quien, hoy, todos los adolescentes ven un maestro. La crítica severa dice esto de otro modo. Compara su obra con un mosaico. Le considera cual un Frégoli artista, que sabe presentarse primero imitando la voz cíclica de Victor Hugo, luego diciendo la honda oda de Leconte de Lisle, enseguida haciendo líricas piruetas a la manera de Teodoro de Banville, siendo clásico un instante más tarde, y siendo, por último, decadente.

Dice también la crítica: «Es el inventor de la impasibilidad poética. Es el que, en un verso célebre, dijo: "Nada de quejidos humanos en el canto de los poetas". Es el teórico del Parnasismo. Es puro como el mármol, frío como el mármol, insensible como el mármol.»

***

Pero esto no es justo. El maestro mismo acaba de declararme, indignado:

—¿Impasible yo? ¡Es una locura decirlo!... ¡Impasible quien, día por día, lanza al viento sus pasiones, odios y amores entre las hojas aladas de los diarios! ¡Impasible el que ha escrito novelas de lágrimas, de rupturas de alma, de agonías de sentimientos; el que ha sufrido con sus héroes, el que ha gozado con sus heroínas! ¡Impasible, en fin, quien ora todos los días ante esas dos imágenes!...

Y con el dedo señalaba dos retratos amarillentos colgados en la parte más visible de su sala de recibo. Era uno la imagen de Victor Hugo y otro la de Wagner.

—Cuando escribo —siguió diciéndome—, lo hago en nombre de ambos. ¿Cómo no tener emoción, pues, siendo un eco de dos liras eternamente vibrantes? Y por otra parte, la teoría histórica que presenta a los parnasianos como artistas impecables e impasibles, está muy desacreditada ya. En otro tiempo era natural que nuestros enemigos nos la echasen en cara, pues nosotros mismos la reivindicábamos. Verlaine, que fue el más sensitivo de los mortales, exclamó: «¿es o no de mármol la Venus de Milo?»; nuestro maestro Banville dijo: «el poeta no tiene ni alma ni cerebro; sino sonidos, palabras y palabras»; Teófilo Gautier, dirigiéndose a los que leían a los latinos, gritó: «os ordeno que solo leáis diccionarios, enciclopedias, obras técnicas que traten de oficios y ciencias, lo mismo que catálogos de piedras, metales, etc., con objeto de llenaros la memoria de infinito y variadísimo número de palabras. Es lo único de que el poeta ha menester»; Glatigny, en fin, tituló su más famoso poema: *Impasibilidad*. ¡La impasibilidad de Glatigny sí que hace reír! Justamente después de *Santa Teresa* se representará una comedia mía cuyo asunto será la vida atormentada, loca y admirable de Albert Glatigny.

***

¡Santa Teresa! En realidad, a lo que yo iba esta mañana a casa del maestro, era a pedirle noticias de su drama.

—Ya está hecho —me dijo—, y Sarah lo estudia, desde hace algún tiempo, con ardor obstinado. Solo esta admirable trágica es capaz de tamaños esfuerzos. En el *Aiglon* recita actos enteros, sola. En mi drama casi le sucederá lo propio. Pero nada la arredra, nada la fatiga. La mujer de cristal, frágil y dorada en apariencia, es en realidad un ser de hierro... También María Guerrero, a quien quiero y admiro, me ha pedido mi obra. Yo se la he negado en principio, porque sé que mi santa no es la santa española...

Un silencio.

El poeta parecía buscar algo en su memoria.

Sus labios crispándose ligeramente y su diestra nerviosa acariciaba con alguna rudeza su barba rubia.

Al fin, clavándome en los ojos la mirada de sus pupilas azules, clarísimas, como de esmalte nuevo, me preguntó:

—¿Cuál es la visión de un español al oír el nombre de Santa Teresa?

Cuando le hube contestado murmuró:

—¡Eso es!... ¡muy distinto!... ¡más humana!... ¡más católica!... Y es natural. Jamás ningún hombre ha podido penetrar en el alma de una raza que no es la suya. Yo lo noto leyendo las obras extranjeras sobre asuntos franceses. Nunca nos comprenderá nadie, y nosotros no comprenderemos jamás a nadie. Lo único que logramos es transponer, interpretar. Yo he interpretado a la manera francesa la figura divina de la Santa de Ávila. He suprimido en ella la época de las tentaciones y he desdeñado en absoluto su carácter varonil de fundadora de conventos, de viajera, de propagadora de fe... Lo único que me interesa es la visionaria, ¡ah! pero eso sí:

—Los detalles son escrupulosamente exactos. He leído todo lo que se ha escrito sobre la época española en que vivió mi divina heroína. Los personajes secundarios de mi obra son seres históricos. Felipe II, que llena todo el primer acto, es una creación documentada. Mi D. Tomás, el confesor de la santa, es, con otro nombre, un inquisidor célebre del tiempo aquel, y en mi provincial de jesuitas he hecho revivir la alta, la soberbia, la extraña figura de Ignacio de Loyola. Pero el personaje que más importancia tiene, desde el punto de vista poético, después de la protagonista, es Magdalena de la Cruz, monja clarisa de un convento de Córdoba que era como una parodia negra de la santa, que imitaba sus milagros, que copiaba sus visiones, que plagiaba sus éxtasis y que acabó, al fin por confesar a los inquisidores su superchería.

Catulle Mendés paseábase a grandes pasos por la estancia y a medida que hablaba parecía más nervioso. Primero encendió una inmensa pipa de madera; luego se abanicó con una fotografía en que su esposa aparece de perfil, admirablemente bella; por último vino a pararse frente a mí, me cogió del brazo y sacudiéndomelo con ímpetu:

¿Querrá usted creerlo? —exclamó—. Pues Magdalena de la Cruz no fue quemada a pesar de su declaración...

* * *

Apaciguado el maestro, volvió a sentarse junto a mí, en una butaca muy baja. Viéndole siempre tan joven, tan activo, tan lleno de ardor y de entusiasmo, comprendí una vez más la inmensa vanidad de las fechas. «Tiene sesenta años», dicen las biografías. En realidad tiene veinte, o, mejor dicho, no tiene edad, es como un símbolo de gallardía invencible de mocedad eterna, de vigor perdurable. Ya no es el rostro sonrosado de sus primeros retratos, ni la esbeltez de antaño, ni la gracia bironiana que adoraron las últimas marquesitas de las Tullerías. Pero aún es bello cual un dios wagneriano, con el rostro ligeramente encendido, con la cabellera echada hacia atrás en ondas de oro y plata, con la barba despeinada, rojiza; con los ojos de una claridad, de una vivacidad, de una intensidad admirables, sobre todo. El traje es siempre el mismo. La corbata blanca que aparece en las aguas fuertes de hace treinta años, cual una enorme mariposa loca, no ha variado. Ni el sombrero de fieltro, ni la americana muy amplia, ni las suntosas camisas han variado. Seguro de su prestigio plástico, sigue el poeta imponiendo su dandismo bohemio y personalísimo.

—Lo único que continúa siendo como antes —me dijo—, es el alma. Lo demás envejece...

Pero no hay tal. Nada envejece. Hace un par de años, se batió en duelo con un oscuro periodista, porque éste dijo que Hamlet había sido un príncipe gordo y pesado. La herida fue grave y obligó al gran poeta a pasar tres meses en cama. Al sentirse curado, lo primero en que pensó fue en sacar de nuevo la espada.

—Al fin y al cabo —me dijo—, cuando uno ha vivido tanto como yo, la muerte no tiene importancia. Su existencia ha sido, en realidad, una de las mejor empleadas. Hablo en sentido nietzscheano y no con sentimiento católico. Sus grandes y bellas cualidades las ha aprovechado para gozar.

Ha buscado, en la vida, las rosas, y las sonrisas, y el amor y los amores, todos los amores, los más nobles como los más extraños; y se ha embriagado de luz, de perfumes, de madrigales. Y por encima de todas las cosas, ha adorado frenéticamente su arte.

***

—¡Ah! —exclamó— eso sí es verdad. Las letras, las artes, lo que es mi oficio, me apasiona hasta el punto de que jamás he podido pronunciar una de las frases que en labios de los profesores son vulgares, como «gaya ciencia», «bellas artes», «humanidades», sin sentir una emoción profundísima. Muy niño aún, compuse una serie de poemas literarios en lengua latina y aunque a causa de la edad prematura parezca esto mentira, puse toda mi alma en aquellas primeras estrofas. Luego, en francés, no he hecho más que continuar. Cada madrigal, cada soneto, cada cuento, cada acto, cada página de novela, más aún, cada crónica, está sentida, vivida, llorada, o reída, o amada, u odiada. Balzac, derramando lágrimas cuando tenía necesidad de matar a uno de sus personajes preferidos, es para mí un símbolo. ¡Vaya usted, pues, a hablarme de impasibilidad! No. Los hijos de Victor Hugo no pueden ser impasibles. ¡Victor Hugo!...

No hay idea de la veneración palpitante con que Mendés pronuncia esta nombre. Dice «Victor Hugo» como los católicos dicen «El Todopoderoso.» «En su obra se halla todo —exclama—. Los simbolistas encontraron allí sus oscuridades, y los parnasianos sus claridades. Allí está el encanto doliente de Verlaine, la distinción gongórica de Mallarmé, la pureza autumnal de Moréas, la sencillez infantil de Francis Jamées. Allí está el mundo y los mundos. Su obra es el universo. Los que aseguran que su corazón fue solo español, se equivocan. También fue alemán, inglés, griego, francés, italiano, turco, todo.» ¡Todo! ¡Esta es la palabra que para Mendés, explica mejor a Hugo. «¡Todo!» Los demás, a su lado, son semidioses o a lo sumo dioses especiales. Banville es el dios de la alegría, Leconte de Lisle el de las selvas, Baudelaire el del infierno. Verlaine es Pan, Teófilo Gautier es Apolo, pero Júpiter es Hugo, padre, rey de los poetas.

Y cuando hubimos hablado de todo esto, Mendés, risueño siempre, dio un salto, me cogió de nuevo por el brazo, y levantándome, me dijo:

—Ahora, márchese usted. Ha llegado el momento ineludible del trabajo... ¡eh! Y hasta pronto.

Julio de 1902

Libros a la carta

A la carta es un servicio especializado para
empresas,
librerías,
bibliotecas,
editoriales
y centros de enseñanza;
y permite confeccionar libros que, por su formato y con-
cepción, sirven a los propósitos más específicos de estas instituciones.

Las empresas nos encargan ediciones personalizadas para
marketing editorial o para regalos institucionales. Y los in-
teresados solicitan, a título personal, ediciones antiguas, o
no disponibles en el mercado; y las acompañan con notas y
comentarios críticos.

Las ediciones tienen como apoyo un libro de estilo con
todo tipo de referencias sobre los criterios de tratamiento ti-
pográfico aplicados a nuestros libros que puede ser consulta-
do en Linkgua-ediciones.com.

Linkgua edita por encargo diferentes versiones de una
misma obra con distintos tratamientos ortotipográficos (ac-
tualizaciones de carácter divulgativo de un clásico, o versiones estrictamente fieles a la edición original de referencia).

Este servicio de ediciones a la carta le permitirá, si usted
se dedica a la enseñanza, tener una forma de hacer pública
su interpretación de un texto y, sobre una versión digitaliza-
da «base», usted podrá introducir interpretaciones del texto
fuente. Es un tópico que los profesores denuncien en clase
los desmanes de una edición, o vayan comentando errores de
interpretación de un texto y esta es una solución útil a esa
necesidad del mundo académico.

Asimismo publicamos de manera sistemática, en un mismo catálogo, tesis doctorales y actas de congresos académicos, que son distribuidas a través de nuestra Web.

El servicio de «libros a la carta» funciona de dos formas.

1. Tenemos un fondo de libros digitalizados que usted puede personalizar en tiradas de al menos cinco ejemplares. Estas personalizaciones pueden ser de todo tipo: añadir notas de clase para uso de un grupo de estudiantes, introducir logos corporativos para uso con fines de marketing empresarial, etc. etc.

2. Buscamos libros descatalogados de otras editoriales y los reeditamos en tiradas cortas a petición de un cliente.